KB235621

제 자 훈 련
모 델 교 회
시 리 즈 03

'단단한 교회'

제자훈련으로
세워가는
푸른초장교회
이야기

임종구 지음

국제제자훈련원

책을 읽는 내내 가슴이 뜨거웠다. 내가 저자의 상황이었다면, 이처럼 혹독한 교회 개척의 과정을 지나 제자훈련의 꽃을 피울 수 있었을까 하는 마음을 지울 수가 없었다. 저자는 '자신의 모든 것을 던져서 목회를 한다는 것이 무엇인가'를 날것 그대로 보여주고 있다. 장면 장면이 구체적이다. 그만큼 이 책은 척박한 환경에서도 제자훈련을 꿈꾸며 개척교회를 준비하는 목회자와 이미 목회를 하고 있는 모든 이에게 꼭 필요한 지침서이다.

그러나 단지 목회 성공을 바라는 개척교회 목사들에게는 위험한 책이다. 소위 교회 성장이나 목회 성공에 대해서는 책의 어디에서도 찾아볼 수 없고, 오로지 전적인 충성과 순전함이 목회의 최우선순위임을 무릎으로 그려내고 있기 때문이다. 그러므로 이 책은 어떤 상황에서도 하나님의 인도하심을 사모하며, 목회의 정답이 아니라 목회의 정도를 걷기 원하는 모든 이들의 필독서이다.

오정현(사랑의교회 담임목사)

이 책은 그 자체로 하나님의 풍성한 은총을 그려낸 서사시입니다. 임종구 목사님은 22년 전에 '살아남기만 해도 성공한 목회자'라고 하는 목회의 황야인 대구 땅에서 개척을 시작해 지금의 힘차고 영향력이 큰 교회로 부흥 성장하기까지 하나님의 은총이 어떻게 임했는지 서술하고 있습니다. 최악의 상황에서도 하나님의 '헤세드'를 절대 확신하고 '창조적 상상력'으로 정진해온 임종구 목사님의 이야기는 오늘날 목회 현장에서 낙심하고 좌절하고 기진맥진한 목회자들에게 용솟음치는 예수 그리스도의 생명을 맛보게 합니다. 부디 이 책을 통해서 예수 그리스도의 생명이 약동하고 흘러가는 생명 사역의 환희를 새롭게 체험하시기 바랍니다.

권성수(대구동신교회 담임목사)

《단단한 교회: 제자훈련으로 세워가는 푸른초장교회 이야기》는 하나님이 여기까지 도우셨다는 승리의 간증입니다. 이 세상을 우리 주 하나님과 그리스도의 나라로 만드는 일에 헌신한 자가 남겨야 할 좋은 기록은 어떠해야 하는지 보여주는 샘플이라고 생각합니다. 이 땅에 세워지는 하나님의 교회는 해산의 고통과 함께 교회가 자라가면서 겪는 어려움을 피해갈 수 없습니다. 아이를 낳고 양육하는 어미의 수고 없이는 다음 세대를 상상할 수 없는 것과 같습니다. 이 책은 그 생생한 기록을 남겼을 뿐 아니라 전체 제자훈련 과정을 참고하도록 상세한 가이드까지 포함했으니 아로새긴 은 쟁반에 놓은 금 사과와 같은 작품입니다. 시무장로님들의 제자훈련 간증까지 담았으니 또 다른 교회 이야기들이 기록될 때 귀한 좌표가 되리라 믿습니다. 모쪼록 이 책을 읽는 모든 분의 마음에 저자의 열정이

옮아가 불타오르길 소원하며, 다른 승리의 기록들도 많이 출판되길
열망합니다.

정근두(울산교회 담임목사)

책을 읽다 보면 임종구 목사님이 제자훈련 목회철학을 바탕으로 교
회를 개척하고 성도를 섬기는 모습이 파노라마처럼 펼쳐져 다가옵
니다. 저자가 현장에서 눈물과 땀으로 버무린 흔적이 모든 페이지
에 녹아 있는 것을 보면서 마음 깊은 곳에서 감동을 느꼈습니다. 본
서의 면면에는 고향냄새가 풍겨납니다. 문장에 격조가 있으면서도
어렵지 않고, 열정이 충만하나 균형감각을 놓치지 않습니다. 이 책
은 올바른 목회를 고민하는 우리 시대의 많은 사역자에게 목회 현
장의 성경적 그리고 목회적 가치를 담아낸 대안서가 될 것이기에
기쁜 마음으로 추천합니다.

오정호(대전새로남교회 담임목사)

제자훈련을 시작하려는 교회와 진행 중에 있는 교회 그리고 주님이
디자인하신 바른 교회를 개척하려는 동역자들에게 꼭 필요한 책이
출간되어 아주 기쁘게 생각합니다. 《단단한 교회》는 역동적이고 생
생한 현장의 이야기입니다. 임종구 목사님이 사랑하는 평신도 동역
자들과 함께 20년 이상 교회를 섬기며 겪은 희로애락과 그것을 통해
얻은 축복을 잘 정리하여 한국교회 앞에 내놓은 것입니다. 이 책이
영적으로 미숙하고 성장이 둔화되어가는 이 시대 한국교회를 다시
한번 일으키는 불쏘시개가 되기를 기도하면서 강력히 추천합니다.

최상태(화평교회 담임목사)

붉은 뱀처럼 꿈틀거리는 용암을 눈앞에서 직면했던 기억이 아직도 생생하게 살아 있다. 오래전, 하와이의 빅 아일랜드에 있는 볼케이노 국립공원에서 마주한 용암은 나의 생각을 완전히 뒤바꾸는 사건이었다. 자동차 도로 위로 소리 없이 가로질러 흐르는 용암은, 나뭇가지를 찔러 넣어도 단단한 쇠붙이처럼 속살을 지켜내고 있었다. 살아 있는 용암은 도로를 삼키고 푸르른 삼림을 태우며 마을로 내려왔다. 불덩이가 되어 흐르는 용암은 복음처럼 살아 있었다.

임종구 목사님의 자전적 교회 개척 이야기는 푸른초장교회만의 기적으로 끝날 고백이 아니다. 이 책을 펼치는 순간부터 도도하게 강물처럼 흐르는 복음의 용암을 직면하게 될 것이다. 십자가만 세우면 교회 개척이라고 생각하던 37년 전의 내 모습과는 사뭇 다른 개척 이야기는 감동을 넘어 꿈틀거리는 강력한 생명력을 느끼게 하기에 충분하다. 저자는 교회를 개척하기 이전부터 이미 복음과 신학에 탁월한 식견이 있었다. 그것이 개척의 탄탄한 기초가 되었다. 그래서 이 책은 학문과 교회라는 균형감이 더욱 돋보인다. 제자훈련이라는 정확한 방향 감각을 가슴에 품고 포기하지 않고 달려든 제자훈련 목회의 살아 있는 간증과 고백은 독자의 가슴을 여지없이 흔들어놓을 것이다. 아무리 힘든 교회 개척이라도 제자훈련이면 안 될 것이 없다는 명쾌한 고백이 한국 교회에 던지는 또 하나의 화두가 되리라 확신한다. 교회를 개척하려는 목회자에게 이 책의 일독을 권한다. 결코 흔들리지 않는 확신으로 척박한 개척 현장에 또 하나의 꽃을 피우리라 믿어 의심치 않기 때문이다.

이기혁(대전새중앙교회 담임목사)

임종구 목사님이 평소 참된 제자의 삶을 살아내고자 몸부림치는 것을 보았기에 주저 없이 추천사를 씁니다. 목사님은 누구를 가르치려고 공부하는 것이 아니라 배운 대로 살려고 공부하는 분입니다. 교회사를 공부하면서 깨달은 종교개혁의 원리를 목회에 적용하려고 부단히 노력하면서 '오늘의 개혁교회'를 세우려는 꿈을 꾸는 분이기도 합니다. 이 책은 그 꿈이 실현되는 현장을 많은 분과 함께 고민하고 공유하려는 귀한 책입니다. 제자훈련을 통하여 주님의 참된 교회를 지향해가려는 분이라면 반드시 읽어볼 것을 권합니다.

장영일(범어교회 담임목사)

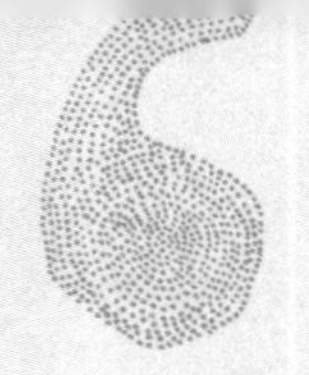

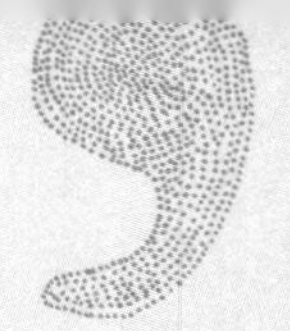

주님의 계획과 창조적 상상력으로 거둔 제자훈련의 열매

고향을 떠나 객지로 나오던 날이었다. 버스가 막 떠나려고 하는데 자친慈親께서 급히 병 우유 하나를 사서 "가다가 먹어라"는 말을 하시고는 버스에서 내리셨다. 이 일은 나의 인생에서 영화의 한 장면, 명언의 한 구절처럼 가장 서정적인 장면으로 오롯이 남아 있다.

아직 따뜻한 체온이 남아 있던 우유를 차마 마시지 못하고 장차 펼쳐질 미래에 대한 설렘과 두려움으로 차창 밖을 바라보던 소년은 이제 이 적막한 도시의 목회자로 서 있다. 교회를 개척해서 22년을 맞으면서 언젠가 교회개척기教會開拓記를 남겨야겠다는 부담이 있었는데 그래선지 글을 쓰는 동안 글 앓이를 많이 했다. 불쑥불쑥 정리되지 못한 감정이 살아나고, 순간순간 회한과 감격의 격정으로 글쓰기가 중단되기도 했다.

웬만한 교회 개척 이야기는 힘든 시대에 광야에서 한 송이 백합화를 피운 선배 목회자들이 이미 책으로 많이 냈다. 내가 또 하나의 교회 개척담을 책으로 내는 일에 펜을 든 것은 ^{눅 1:1-3} 제자훈련으로 개척교회를 시작하려고 준비하는 후배 목회자들에게 미력하나마 도움이 되지 않을까 하는 작은 소망 때문이다. 돌이켜 보면 나는 교회 개척을 위해 준비되어 있었던 것 같다. 시골에서 올라와 개척교회(광명교회 故이석광 목사)를 다녔는데, 나는 그 교회 세례교인 1호였다. 목사님께서는 고등학생이었던 나에게 주일학교 설교를 맡기셨다. 그리고 모교회에서 교육전도사를 지냈다. 군복무 시절에는 철원에서 군부대교회를 개척했다(신성교회). 군종병을 믿고 부대 내에 있던 창고를 교회로 사용하도록 허락을 해주신 것이다.

푸른초장교회의 22년 역사는 ¹⁹⁹⁶⁻²⁰¹⁸ '제자훈련'이라는 한 단어로 정리된다. 다른 옵션은 없었다. 제자훈련, 한길만을 달려왔다. 그리고 올해로 제자반이 20기, 사역반이 13기를 맞았다. 그러므로 푸른초장교회의 역사는 곧 제자훈련의 역사이다. 나에게는 특별한 능력도 없었고, 화려한 목회 필살기를 들이밀 정도로 유능하지도 못했다. 그저 소처럼 우직하게 종일 밭을 갈고, 천수답^{天水畓} 농사처럼 하나님의 은혜만을 바라보는 목회였다.

푸른초장교회의 지난 22년은 한국교회사의 혹한기와 궤적을 같이한다. 금융위기사태IMF 때 교회는 돌밭에 뿌려진 씨처럼 위태로웠다. 이 시기의 한국교회는 전 세계 목회 현장의 교회성장 프로그램들이 난무했다. 그럼에도 한국교회는 한 달에 100개씩 문을 닫으며 하강곡선의 시대를 함께 견뎌야 했다. 그 와중에도 푸른초장교회는 살아남았다. 물론 두말할 것도 없이 하나님의 은혜였다. 상가 교회에서 12년을 버틴 푸른초장교회는 강한 생존력으로 도심의 깡마른 종교심 가운데서도 살아남았다. 본 교회는 상가에 있으면서도 교회를 개척해 건물을 지어 독립시켰고, 전 세계로 젊은이를 보내며 힘든 중에도 선교를 멈추지 않았다.

모든 것은 창조적 상상력creative imagination의 결과였다. 우리는 복음서에서 주님의 계획이 담긴 어떤 그림을 본다. 그분은 충성된 종들을 보내시면서 그들이 뱀을 집어 올리며 독을 마실지라도 해를 받지 않을 것막 16:15-18을 약속하셨다. 또 복음은 천하 만민에게 증거될 것이며, 결코 우리에게서 떠나지 않고 세상 끝날까지 함께하겠다마 28:20고 약속하셨다. 22년 동안 교회 건설을 위해 몸부림치는 동안 나를 사로잡은 것은 바로 주님의 이 약속에 기반한 창조적 상상력이었다. 역경이 있었지만 우울하지는 않았다. 가난과 낭패와 굴욕의 상황에서도 광야에 백합화를 피워 올리실 것이라는 창조적 상상력은 절망적인 상황을 뛰어넘을 힘을 주었다.

주님께는 능치 못하실 일이 없고^{렘 32:17} 믿는 자에게는 능치 못함이 없다^{막 9:23}는 말을 나는 그냥 믿는다. 여기에는 어떤 신학적 확인이나 논증이 필요치 않다. 사도신경으로 신앙을 고백할 때 하나님이 그분의 전능함으로 천지를 창조하셨음을 첫머리에 고백하듯 무에서 유를 창조하시는 그분을 믿는 자에게는 절망이란 없다. 지금도 젊은 후배들이 광야와도 같은 이 도시에서 교회 개척을 시작하는 것을 볼 때 가슴이 설렌다. 그리고 부족하지만 제자훈련으로 시작하여 한 송이 꽃을 피운 나의 목회담牧會談이 이들에게 작은 지침이 되고 용기를 주었으면 좋겠다.

이 지면을 통해 분명히 밝히고 싶은 말이 있다. 그것은 하나님께서 이 부족한 사람을 과분히 사용하시고, 분에 넘치는 은혜를 베푸셨다는 것과 단 한순간도 홀로 버려두지 않으셨고, 작은 기도에도 응답하시며, 사역에 있어 모든 지원을 아끼지 않으셨다는 것이다. 지난 22년 동안 매우 작은 헌신과 인내, 미흡한 충정을 올려드렸을 뿐인데 주님께서 개인적으로 나에게 감히 생각할 수 없는 큰 은혜를 베푸셨다. 특히 귀한 만남을 허락하셨다. 목회적으로는 옥한흠, 오정호 목사님을 만나게 해주셨고, 학문적으로는 박건택, 김인환 교수님을 만나게 해주셨다. 목회 현장에서는 푸른초장교회 장로님들을 동역자로 붙여주셨다. 특히 양필홍, 조만노, 정연준 장로님과는 교회 역사에서 가장 힘든 순간을 함께했다. 22년의 교회 역사는 지금도 진행 중

이므로 모든 일, 모든 사람을 이 책에 다 담을 수는 없었다. 5장
에는 월간 〈디사이플〉에 기고했던 제자훈련 팁을 함께 실었다.
아무쪼록 이 책이 한국교회에 미력하나마 도움이 되기를 소망
한다. 이 책이 나오기까지 격려해주시고 수고하신, 국제제자훈
련원의 박주성 대표와 우은진 편집장, 정은경 편집자에게 인사
를 드리며 모든 영광을 하나님께 올려드린다.

주후 2018년 5월 20일
궁산자락에서 임종구

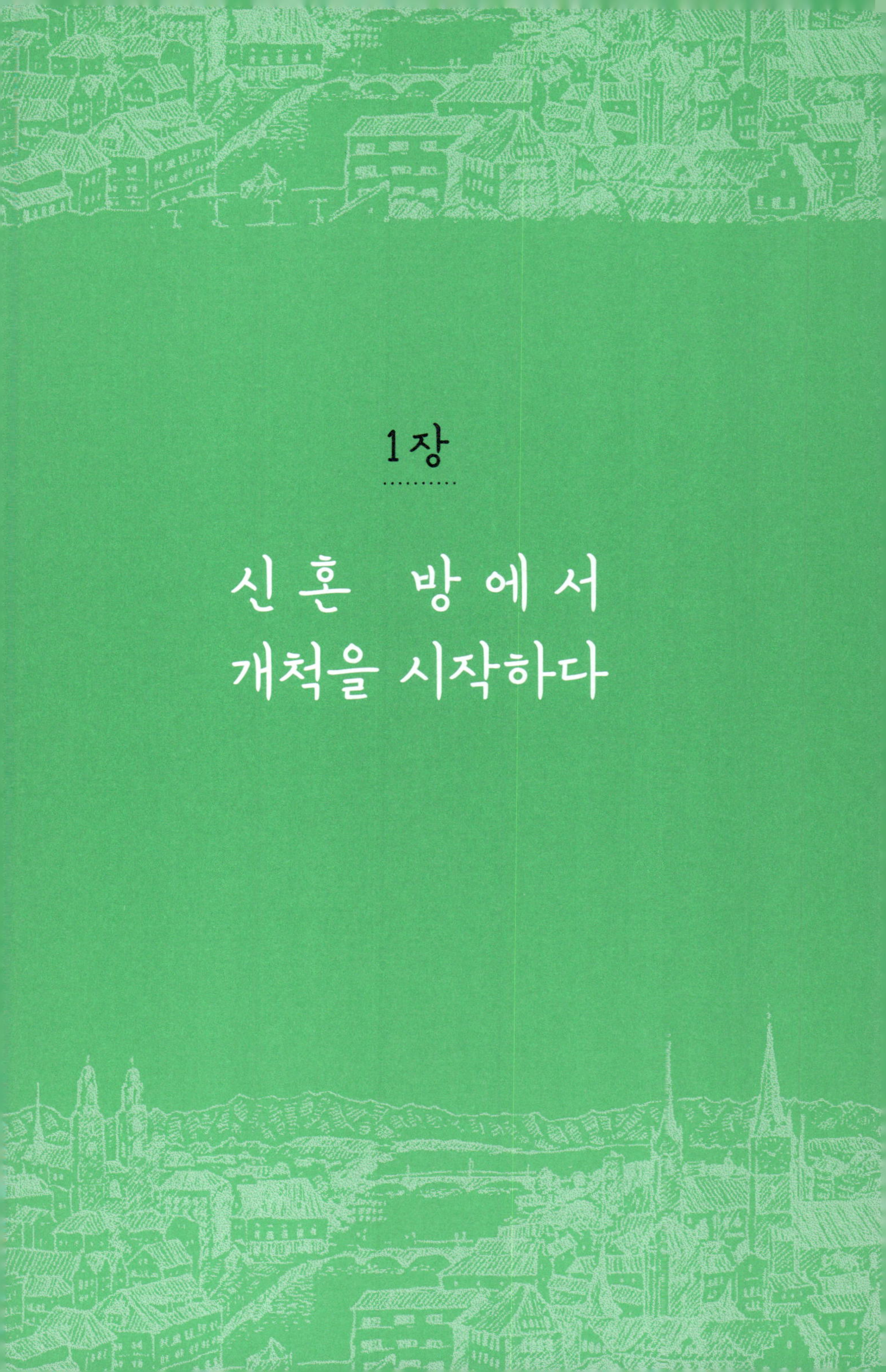

신혼 방에서 개척을 시작하다

신자가 영적으로 거듭나듯이 목회자 역시 목회적으로 거듭나는 순간이 있다. 목회가 무엇인지에 대한 대각성이 이루어지고 소명에 대한 대성찰이 이루어지는 순간이다. 이것은 단순히 많은 세미나에 참석한다고 얻을 수 있는 것이 아니다. 처절할 정도로 극단적 목회 상황에 놓였을 때 비로소 주어진다. 그렇다고 무슨 대단한 기술이나 하늘의 신비를 깨닫는 것이 아니라 내가 '목사'라는 사실을 재발견하는 것이다.

젊다는 것 외엔 아무것도 없었던 신대원생 시절, 그나마 섬기던 교회를 사임하게 되어 앞이 캄캄했다. 방향도, 목적도 잃어버린 바로 그때 내가 생각한 것은 교회 개척이었다. 지금 생각하면 웃음이 나온다.

1996년 6월, 신혼 방 벽에 '푸른초장과 쉴만한물가교회 창립예배'라고 쓴 종이를 한 장 붙여놓고 첫 예배를 드렸다. 고등학생이었던 처제와 처제 친구, 그러니까 고등학생 2명을 앉혀 놓고 첫 예배를 드린 것이다.

헌신은 내가 했지만 십자가는 아내가 졌다. 신대원 3학년이었던 나는 공부하러 서울에 올라가고 아내는 돈을 벌기 위해 학교를 그만두고 낚싯대 만드는 공장에 나갔다. 공장에서 제때 봉급이 나오지 않으면 차비가 없어 학교에 가지 못할 만큼 형편이 어려웠다. 그런데도 나는 뭐라도 해서 생활비에 보탤 생각은 하지 않고 책 몇 권을 챙겨 주암산 기도원에 올라갔다. 그 시절에는 사모가 돈 벌러 가는 것을 쉬쉬해야 했고, 교역자가 다른 데서 생활비 충당하는 일을 큰 죄처럼 여기는 분위기였다. 그렇다 하더라도 참 무능하고 무책임한 가장이었다.

한 달 후 교회는 신혼 방에서 상가건물(대구 동구 방촌동)로 이전했다. 신축상가의 3층을 무상으로 사용하게 되었는데 건물 주였던 집사님(송재홍 장로, 광명교회)이 우리 교회의 사정을 듣고 선뜻 사용을 허락해준 것이었다. 상가로 이전하니 강대상과 의자, 피아노, 에어컨, 음향, 간판 등 필요한 것이 많았다. 한마디로 돈이 필요했다. 결국 월세방을 정리해서 에어컨과 음향기기를 마련하고 간판과 십자가 종탑을 올렸다. 장의자는 의성읍교회에서 얻고 피아노와 승합차는 다른 교회에서 버리려던 것을 주워다 썼다. 사택은 방촌시장에 월세 15만 원짜리 방 한 칸을 얻었다. 그렇게 개척 1년 차가 시작되었다.

그때는 하나님의 계획을 다 이해할 수 없었지만, 20년쯤 흐르니 지금은 조금씩 이해가 된다. 하나님의 일은 처음에는 막막해 보이지만 시간이 지나고 보면 그분은 처음부터 끝까지 신실하시다는 사실을 알게 된다. 처음에 속히 잡은 것은 복이 아니다잠 20:21. 목회가 처음부터 술술 풀린다고 마냥 기뻐할 일이 아니다. 또한 목회 초기에 어려움이 있다고 해서 절망할 일도 아니다. 성경을 보면 하나님의 손에 사용되었던 사람들은 모두 사역 초기에 역경이 있었다. 모세, 요셉, 다윗, 바울…, 이 영웅

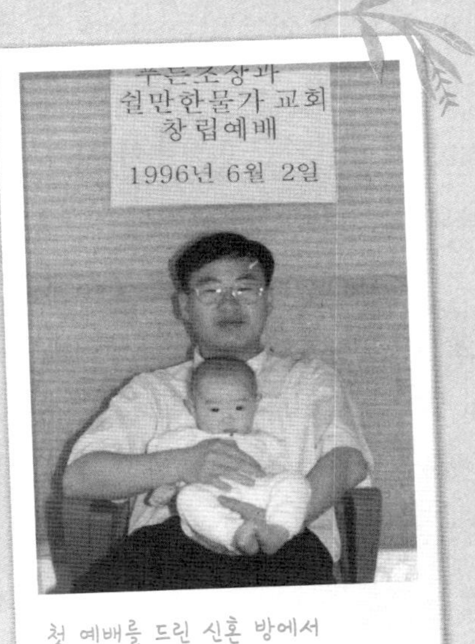

첫 예배를 드린 신혼 방에서
(대구시 남구 대명동)

신혼 방에서 벗어나 무상으로 얻은 상가 교회
(대구시 동구 방촌동)

들은 대책 없이 기다리며 기약 없는 시간을 보내야 했다.

때로는 고단수보다 무단수가 더 강하다. 고단수는 수가 달리면 절망하지만 무단수는 어차피 수가 없기 때문에 시련을 더 잘 견딘다. 목회자는 자신에게 주어진 환경을 어느 정도 하나님의 경륜으로 받아들일 필요가 있다. 자신의 결핍을 헤아리기보다 자신에게 부여된 소소한 것들에 눈뜰 필요가 있다. 남이 가진 것을 부러워하고 절망하기보다는 자신에게 허락된 것에 감사해야 한다. 바울 역시 궁핍과 풍부를 넘나들면서 일체의 비결을 배웠는데 그것은 '내게 능력 주시는 자 안에서 내가 모든 것을 할 수 있다'빌 4:11-13는 깨달음이었다. 사역자는 모든 준비가 완벽하게 끝났기 때문에 사역을 허락받은 것이 아니다. 우리는 계속해서 빚어지고 훈련되어야 한다.

푸른초장과 쉴만한물가교회, 길어서 슬픈 이름

나는 고등학교 때 중국 선교사로 헌신할 것을 다짐했다. 신학교(대구신학교)와 신대원(총신대학교 신학대학원)에 입학하고 결혼한 후에도 영웅적인 선교의 삶에 청춘을 바치겠다는 다짐은 변치 않았다. 생의 방향이 선교지로 달려가고 있을 때 파송교회에 어려움이 생겼다. 교회가 송사에 휘말리면서 담임목사를 비롯한 모든 교역자가 사임해야 하는 상황까지 갔다. 교회 분쟁의 과정에서 기성 교회에 반감이 생긴 데다 선교사 후보생이라는 꿈까지 날아가 버렸기에 이래저래 마음이 불편했다. 그런 상황에서 아무것도 없는 신대원 3학년생이 교회를 개척했으니 얼마나 허술했겠는가? 소위 개척 멤버나 후원자 그룹도 없이 시작한 개척 전도사의 불편한 심사가 교회 이름에 고스란히 담겼다. 지금 생각해보면 젊고 경험 없는 신학생의 치기 어린 행동이었다. 노회에 가입하면서 '푸른초장과 쉴만한물가교회'라는 긴 이름이 노회원들의 반대에 부딪히기도 했다. 결국 가입은 허락되었지만, 정작 성도들이 불편해했다. 특히 대표기도를 하는 성도들이 '푸른교회'라고도 하고, '늘푸른교회'라고도 불렀다. 호기롭게 붙인 긴 이름은 정작 제대로 불리지는 못했다. '푸초교회'라고 줄여서 많이 불렀던 걸로 기억한다. 결국 2000년 IMF 이후 대구 동구 방촌동에 마련했던 예배 공간이 사라져 달서구 파호동으로 옮겨가면서 교회 이름은 '푸른초장교회'로 정리되었다. 교회 이름이 간결하게 바뀐 변화만큼 교회에 대한 나의 생각도 좀 더 다듬어지고 깊어졌다.

시 23:2(개역한글)

　　이 무렵 대학생들은 우리 교회를 '와사비교회'라고도 불렀다. 시편 23편의 푸른 초장에 대한 성경적 이해가 없었던 대학생들이 '푸른초장? 와사비?' 이렇게 불렀던 것이다. 그나마 이제는 '푸른초장' 시대도 지나가고 말았다. 개역개정4판 성경은 시편 23편 2절에서 '푸른 초장'을 '푸른 풀밭'으로 번역해놓아서 이제는 교회 이름도 한글성경 번역의 유산으로 남게 되었다.

　　하나님이 항상 좋은 것만 사용하시는 것은 아니다. 선한 동기와 높은 헌신, 준비된 열정, 아름다운 비전도 사용하시지만 때로는 어떤 분노, 적절하지 못한 환경, 확신 없는 소명, 미숙함, 충분히 준비되지 못한 것도 사용하신다. 나의 교회 개척 과정을 누군가 컨설팅했다면 낙제점을 받았을 것이다. 어쩌면 개척의 '개' 자도 모른다는 평가를 받았을 것이다. 실제로 개척 초기에는 조언자도 없었다. 그러나 전도서를 보면 빠른 경주자들이라고 선착하는 것이 아니며 용사들이라고 전쟁에 승리하는 것이 아니라고 말한다 전 9:11. 개척목회든지 부임목회든지 사역자에게 필요한 것은 첫째, 소명에 대한 흔들리지 않는 확신이다. 그리고 둘째는 그 좁은 길을 가는 것이다. 때로는 절뚝거리면서 걷고, 때로 뛰기도 하며, 때로는 안개 속을, 때로는 칠흑 같은 밤을 지나는 것이다. 이렇게 목회자로 부름 받았다는 정체성을 가지고서 한길을 가다 보면 어느 날 자신보다 하나님이 앞서 준비하셨다 신 1:33는 것과 독수리 날개로 업어 건너셨다 출 19:4는 사실을 알게 될 것이다.

개척초보

나는 '개척초보'였다. 초보운전자처럼 막막했고, 어설펐다. 개척을 시작하고 가장 힘들었던 일은 십자가 종탑의 불을 켜고 끄는 것이었다. 무슨 말이냐 하겠지만 나에게는 좀 심각했다. 저녁 무렵에 교회에 나가서 종탑의 십자가 불을 켜고 새벽기도를 마치고 좀 기다렸다가 불을 내리는 일이 너무 번거로웠다. 외출할 때에도 종탑 불 켜는 것에 늘 신경이 쓰였다. 한번은 목회자들 모임에서 개척 후 가장 힘든 점이 무엇이냐는 질문에 "십자가의 불을 켜고 끄는 것이 힘들다"고 했더니 목사님들이 박장대소하며 웃었다. 그때 처음으로 '타이머'라는 신세계가 있다는 사실을 알았다.

교역자 경력이라고는 교육전도사가 전부였던 나는 모든 것이 서툴렀다. 첫 결혼식 주례를 할 때 허둥댔던 기억이 떠오른다. 열심히 주례 설교를 하다가 아직 화촉 점화를 하지 않았다는 사실을 발견했다. 식은땀을 흘리며 설교를 마치고서야 양가 어머니가 나오셔서 불을 붙이셨다. 첫 제직회, 첫 유아세례, 첫 성탄절, 첫 송구영신예배 등 모든 것이 새로웠다. 모르는 것은 선배 목사들에게 물었다. 동기 목사들에게도 꼬치꼬치 물었다. 초보는 물어보는 것이 최선이다. 그래서 지금도 모르면 물어본다. 물어보는 것은 자존심 상할 일이 결코 아니다.

초보여서 좋았던 점도 있었다. 다양한 목회 경험을 쌓았다면 청빙목회는 몰라도 개척은 어려웠을 것이다. 아내와 나는 경험도 일천하고 철이 없고 순진했다. 한마디로 힘든 것이 있어도 그게 힘든 것인 줄도 몰랐다. 개척교회는 다 그런 줄 알았다. 또 마땅한 대책도 없었다. 오라는 곳도 있고, 다른 능력이나 기회가 있었다면 이 길을 끝까지 가기 어려웠을 것이다. 돌이켜 보니 이것 또한 은혜였다.

첫 신앙수련회(성주계곡)

우리가 설령 높은 학력과 자유자재로 사용할 수 있는 이중
언어 능력, 세련된 매너와 풍성한 경험, 안정된 경제력과 건강
한 신체를 가졌다 할지라도 하나님 앞에서는 한낱 질그릇^{고후 4:7}
에 불과하다는 사실을 기억해야 한다. 이생의 자랑은 자랑이
아니다. 사역자가 가진 진정한 보배는 질그릇에 담긴 예수 그
리스도이시다. 이 그리스도를 주목하는 자는 자신의 열등한 생
의 이력에 절망하지 않는다. 하나님 앞에서 초보가 아닌 사람
이 누가 있겠는가? 그러나 하나님은 결코 초보가 아니시다. 그
분은 실수하지 않으신다. 그분의 입에서 나온 말은 하나도 헛
되이 돌아오지 않으며 그분의 경륜은 마침내 이루어진다.

한 사람의 소중함을 배우다

교회를 개척한 후 가장 절실하게 피부로 다가온 것은 '한 사
람'의 소중함이었다. 6월에 첫 예배를 드렸을 때는 아내와 어린
딸, 두 명의 여고생이 전부였다. 그해 7월에는 설립예배를 드리
면서 대구시 남구 대명동에서 동구 방촌동으로 옮겨왔다. 그러
면서 두 명의 여고생도 출석이 여의치 않게 되어 교회는 다시
원점으로 돌아갔다. 3년이 지나기까지 함께 예배를 드리는 성
도가 10명을 넘지 못했다. 수요예배와 새벽예배는 아내와 어린
딸 이렇게 셋이 드릴 때가 많았다. 특히 수요예배는 거의 일 년
동안 어린 딸을 등에 업은 아내와 드렸다. 당시 사도행전 강해

를 했던 것으로 기억하는데 아내는 그때의 강해를 잊을 수 없다고 말하곤 한다.

종종 황당한 상황이 펼쳐지곤 했다. 한참 설교가 이어지는데 등에 업힌 아이에게 볼일이 생긴 것이다. 그러면 아내는 설교를 듣다 말고 아이를 데리고 화장실로 가고 예배당에는 한참 열을 올려 설교하던 나만 남았다. 그러면 순간 설교를 계속해야 할지, 아니면 기다렸다가 회중이 돌아오면 이어서 해야 할지 난감했다.

토요일이면 아내와 함께 주일을 준비했다. 아내는 방촌시장에 가서 손으로 직접 밀어서 만든 칼국수를 사고 나는 교회 청소를 했다. 그러고는 주일을 기다리는 것이다. 개척교회를 해본 경험이 있다면 예배 시간이 다가오는데도 예배당에 아무도 앉아 있지 않을 때의 기분을 알 것이다. 예배 시간은 다 되었는데 아무도 오지 않아서 조금 기다렸다가 시작할 때도 있었다. 예배가 시작되어 찬송을 부를 즈음에 처음 보는 얼굴이 예배당에 들어서면 음정과 박자를 놓칠 정도로 가슴이 콩닥콩닥했다. 물론 대개의 경우 이렇게 오신 분들은 예배가 끝나기 무섭게 교회를 빠져나갔다.

교회를 개척하고 한동안 반주자가 없었다. 설마 반주할 사람 한 명 없겠나 싶었지만 정말 그렇게 일 년여가 흘러갔다. 반주 없는 예배는 삭막했다. 음의 높낮이도 일정하지 않고 박자도 그날 분위기대로 흘러갔다. 그래서 결국 하나님께 기도하기

개척 초기 수요예배와 새벽예배 때 유일한 성도였던 아내와 딸

시작했다. "하나님, 우리 교회에 반주자 한 명만 보내주세요." 반주 없는 예배가 계속되자 보다 못한 자매님 한 분이 압박(?)을 견디지 못하고 피아노를 배우기 시작했다. 주일에 부를 찬송가를 미리 정해주면 일주일 동안 연습해서 오는 것이었다. 그러나 모든 곡을 부를 수 있는 것은 아니었다. 플랫b이나 샵#이 없는 다장조의 곡만 불렀다. 그러던 어느 날 한 자매님이 남매를 데리고 찾아와서 이렇게 물었다. "이 교회에 반주자가 있나요?" 너무도 경이로운 질문이었다. 알고 보니 평생을 반주자로 섬기겠다고 서원한 자매였다. 그런데 IMF 사태로 구조조정이 된 남편을 따라 서울에서 대구로 내려오면서 반주로 섬길 교회가 없어 계속 기도했다는 것이다. 다름 아닌 반주로 섬길 교회를 예비해 달라는 기도였다. 예비 된 교회가 바로 여기 있었다. 그 반주자 집사님은 혼자 오지 않고 회사에서 자신과 같은 이유로 대구로 발령 받아 온 다른 두 가정을 설득해 함께 등록했다. 교회는 폭발적인(?) 부흥을 하게 되었다.

이제는 함께 심방도 하고 교회를 차분하게 섬기면서 어린 자매들을 이끌어줄 권사님이 꼭 한 분 계시면 좋겠다 싶었다. 그래서 또 다짜고짜 기도하기 시작했다. "하나님, 우리 교회에 권사님 한 분만 좀 보내주세요." 교회가 방촌동에서 성서 지역으로 옮겨 오면서 한 분씩 새벽기도회에 나오셨는데 그 가운데 나중에 우리 교회의 '첫 권사님'이 될 분도 계셨다. 이런저런 사연으로 그분은 작고 연약한 우리 교회에 등록했고, 성심으로 교회를 섬겼다. 교회에 꼭 필요한 권사님이었다. 기도생활과 전도, 봉사에 모범이 되었고, 젊은 자매들과 함께 교회를 잘 섬겨주셨다.

교회는 사람들이 모인 곳이고, 결국 사람들이 사역을 감당한다. 하나님은 저 돌들을 통해서라도 자신의 교회를 세우실 것이다. 개척교회는 더욱 그렇다. 개척교회가 꾸려지는 과정을 살펴보면 신기할 정도로 사람들을 예비하시고 붙여주신다. 마치 퍼즐이 맞추어지듯이 팀이 꾸려지는 것이다. 그래서 개척교회에서는 더욱 한 사람, 한 사람이 소중하다. 나는 필요한 것이 있으면 그때그때 기도했다. 반주자 한 사람만 달라고 기도했고, 권사님 한 분만 보내달라고 기도했다. 그리고 그 기도는 어김없이 응답되었다.

그런 과정을 통해 교회는 내 교회가 아니라 주님의 교회이며, 내가 목회하는 것이 아니라 나 역시 그분의 팀에 소속되어 있다는 깨달음에 도달했다. 물론 모든 사람이 사역에 투입되는 것은 아니고 또 그래서도 안 된다. 그들 중에는 치유와 회복이 필요한 사람도 있기 때문이다. 그래서 개척교회 목회자는 일꾼이 부족하다고 해서 모든 사람을 일꾼으로 보면 안 된다. 아직 충분히 사랑받아야 할 사람도 있고, 오랜 시간을 기다려주어야 할 사람도 있기 때문이다. 그러므로 사역자는 '타자에 대한 이해'를 바르게 가져야 한다. 사역자들이 가장 많이 저지르는 실수는 타자를 직무의 대상으로 보는 것이다. 그러나 신자는 한 인간이며, 결코 클라이언트client가 아니다. 또 다른 실수는 사람을 생산성의 차원에서 보는 것이다. 현대 사역자들은 교회 성장학church Growth에 많이 노출되어 있다 보니 한 영혼을 다루시는 하나님의 섭리나 경륜보다는 '무엇이 교회 성장에 더 유리한가?'를 생각하기 쉽다. 사역의 단추가 잘못 꿰어지는 순간이다. 신자는 결코 목회 하부구조가 아니다. 사역자는 부모이자 코치이자 종이다. 타자를 희생하게 하는 것이 아니라 사역자가 희생하여 타자가 살아나야 한다. 그러므로 사역자에게는 하나님의 눈높이 맞추심accommodatio이 필요하다. 그들의 언어와 문화를 이해하고 보폭을 맞추어야 한다. 신자들을 어떤 커리큘럼이나 시스템 속에 던져 넣을 것이 아니라 그들의 눈높이에 맞추어야 한다.

옥탑방 사택

교회를 개척하면서 애환과 추억이 깃든 장소는 옥탑방 사택이다. 1994년 결혼해서 살던 신혼집은 개척자금으로 들어갔고, 방촌시장 단칸방을 월세 15만 원에 사택으로 얻었다. 그러나 개척교회 재정 상황으로는 월세 15만 원도 감당하기 힘들었고, 보증금 100만 원을 다 소진한 후에는 예배당이 있던 상가 옥상의 옥탑방으로 사택을 옮겼다. 옥상에는 화장실과 수도시설이 없어서 3층 교회로 내려가서 사용했고, 냉난방시설이 없어서

추위와 더위에 그대로 노출되었다. 스티로폼 판넬로 만든 옥탑방은 세 식구가 누우면 딱 맞았고 세간살이는 비키니옷장과 작은 책상 하나가 전부였다. 겨울에는 추워서 벽에 서리가 끼고 여름에는 더워서 예배당에 내려가 있어야 했다. 또 아침에는 새들이 모여 울어대고, 소나기가 내리면 통화 소리가 들리지 않을 정도로 시끄러웠다. 한번은 소나기가 내리는 날 외출에서 돌아와 보니 옥탑방에 홍수(?)가 났다. 옥상 배수구가 막혀 옥탑방에는 물이 가득 차고 세간살이는 둥둥 떠다녔다. 또 뜨거운 더위에 스티로폼 판넬 사이의 실리콘이 일어나서 스티로폼이 물을 잔뜩 머금은 까닭에 며칠씩이고 빗물이 떨어졌다. 작은 방 이곳저곳에 대야와 그릇을 받쳐두고 물을 받아내야 했다. 옥탑방 사택은 당시 우리 교회의 상황을 가장 잘 설명해주었다.

월세방에서 옥탑방으로 옮길 때만 해도 '부흥하면 다시 월세방으로 갈 수 있으리라. 사택쯤이야 어렵겠느냐' 생각했지만 우리는 두 번의 겨울과 여름을 이곳에서 보내야 했다. 조악한 개척교회 생활에 작고 따뜻한 온기도 있었다. 방촌동에 사시는 분들이 농사일을 다녀오시다가 채소나 과일을 조금씩 문 앞에 두고 가시기도 했고 쌀이 든 봉지를 건네주시기도 했다.

개척에다 IMF까지 겹쳐 삶이 팍팍했다. 교회 성장은 생각조차 할 수 없었다. 보다 정직하게 말하자면 생존을 고민해야 할 정도였다. 설상가상으로 옥탑방 사택마저도 철거될 상황에 놓였다. 항공사진에 옥상에 설치한 불법 가건물로 찍혀 철거하라는 고지서를 받았는데 대책 없이 지내다가 최고장을 받게 된 것이다. 어느 날 아침을 먹고 있는데 구청직원들이 들이닥쳤다. "목사님, 죄송하지만 내일까지 철거하셔야겠습니다. 항공사진에 찍혀서 저희도 어떻게 할 수 없습니다." 참으로 난감했다. 아침을 어떻게 먹었는지 모르게 집을 나섰다. "여보, 어떻게든지 해볼게요." 하지만 내가 뭘 어떻게 하겠는가? 아무런 대책도 없이 대구 이곳저곳을 다니며 집을 구했다. 돈도 없고 대책도 없이 전봇대에 붙은 전세, 월세를 구하는 광고지를 살펴보았지만 답이 없었다. 교회도 나도 진퇴양난에 빠졌다. IMF 당시 수 없는 건물이 경매에 넘어갔다. 우리 교회가 있던 건물도 예외는 아니었다. 상가는 주인이 바뀌었고 우리는 교회를 비워주어야 했다. 십자가 종탑도 내리고, 간판도 내렸다. 교회의 기물과 강단, 장의자는 모두 옥상으로 옮겨 거적을 덮어놓았다. 교회는 '파랑새 피아노학원'으로 바뀌었다. 우리는 당분간 피아노학원의 양해를 얻어 주일예배를 드렸고, 오후예배는 주암산 기도원의 떡갈나무 아래서 드렸다. 이런 와중에 옥탑방 사택까지 철거될 상황에 놓인 것이다. 종일 집을 찾아 다녔다. 대구 근교의 시골 마을에 빈집이라도 임시로 들어갈 수 있는지 알아보았다. 그러나 결국 빈손으로 돌아올 수밖에 없었다.

우리는 옥탑방에서 마지막 저녁을 먹었다. 갈 곳이 정해지지 않았지만 어쨌든 내일이면 사택을 철거해야 했다. 가장의 눈치를 살피던 아내도 아무런 말이 없었고, 나도 아무런 말

 　　　　　　　　　　　　　　　　　　　　　　단단한 교회

을 할 수가 없었다. 저녁을 먹고 잠자리에 들었는데 눈물이 났다. 이불을 이마까지 올렸다. 우는 모습을 아내에게 보이고 싶지 않았다. 감정을 추스르는데 불현듯 성경구절 하나가 떠올랐다. "그러므로 내일 일을 위하여 염려하지 말라 내일 일은 내일 염려할 것이요 한날의 괴로움은 그날로 족하니라"마 6:34. 그랬다. 참으로 괴로운 한날이었다. 봉고차를 몰고 점심도 잊은 채 시골 빈집이라도 구해보려고 이리 뛰고 저리 뛰었던 무능한 가장의 하루는 참으로 괴로웠다. 집은 구하지 못했고 상황 역시 달라지지 않았다. 그리고 하루가 지나갔다. 내일은 또 해가 뜰 것이고, 내일의 일은 내일 염려하게 될 것이다. 성경이 이렇게 실제적인 지침이 되어준 적이 없었다. 한날의 괴로움으로 충분했다. 그리고 내일 일은 오늘 염려할 일이 아니었다. 내일 일은 내일 염려하라는 지침, 그 말씀대로 했다. 이보다 더한 위로와 신뢰, 희망의 말씀이 있겠는가?

개척교회는 광야로 나가는 것이다. 알고 시작했든지 모르고 시작했든지 제정신이 들고 보면 자신이 마른 광야, 허허벌판 한가운데 서 있다는 사실을 발견할 것이다. 물론 광야에도 오아시스가 있지만 대부분 개척교회 목회자의 눈에 들어온 오아시스는 신기루일 가능성이 높다. 수없는 허상과 착시, 자기만족, 자기비하를 오르내리고서 광야에 홀로 남았다는 사실을 깨닫기까지는 그리 오래 걸리지 않는다. 그러나 진정한 시작은 바로 그때부터이다. 어떤 이는 그만둘 것이다. 그리고 어떤 이는 그 제로 포인트_{zero point}에서 시작할 것이다.

광야는 실로 신비로 가득 차 있다. 광야는 풀 한 포기 시원스럽게 자라지 못하는 땅이요, 전후좌우에 아무도 없는 철저한 고립과 고독의 땅이다. 이렇게 아무도 의지할 수 없고 따뜻한 대화조차 나눌 이 없는 땅에 설 때 개척교회 목회자는 비로소 하나님께로 시선을 집중할 수 있게 된다. 광야에서 만난 하나님은 그야말로 상천하지의 하나님이요, 우리보다 앞서가셔서 장막 칠 곳을 예비하시는 하나님_{신 1:33}이셨다. 하나님은 우리 가족을 위해 작은 보금자리를 예비하셨다.

다음 날 우리는 사택을 철거했다. 교회에서 사용하던 강대상과 장의자도 또 다른 개척교회로 제 갈 길을 찾아갔다. 옥탑방 사택을 철거하는 데는 그리 오랜 시간이 걸리지 않았다. 옥상 가건물을 철거하고 사진을 찍어서 구청에 제출했다. 짐은 친구 목사의 창고로, 아내는 친정으로, 나는 기도원으로 각각 흩어졌다.

그러나 이렇게 계속 살 수는 없었다. 나는 돈도 없으면서 무작정 다시 집을 찾기 시작했다. 정말 한 푼도 없었다. 그날도 집을 찾는데 '주택은행'이라는 간판이 보였다. 갑자기 '주택은행이라면 나같은 집 없는 사람을 위한 은행이 아니겠는가' 하는 생각이 들어 무작정 은행으로 들어갔다. 창구에 서 있는데 상담이 필요하면 와서 앉으라고 직원들이 의자를 내밀었다. 이왕에 앉았으니 사정 이야기를 했다. 그랬더니 직원은 이것저것

친절하게 묻고는 종이에 무언가를 적어주었다. 일종의 전세 자금 대출인데 전세 천만 원 하는 방을 알아보고 주인 전화번호를 자신에게 알려달라고 했다. 그리하여 주인 동의하에 전세 천만 원을 설정하고 은행에서 대출을 받을 수 있었다. 은행에서는 매월 전세 대출 이자만 내면 되도록 조처해주었다.

개척교회 목회자가 처한 상황과 환경은 각기 다를 것이다. 어떤 이는 좀 나은 형편에서 개척을 시작하고 어떤 이는 참 막막한 상황에서 개척을 시작할 것이다. 그러나 본질적으로 개척교회 목회자는 광야 길을 나섰다는 점에서는 동일하다. 어떤 이는 재정의 어려움을 만날 것이고, 어떤 이는 정서적 지지를 받지 못할 수도 있다. 그러므로 개척교회 목회자는 하나님만을 의지하고 그분을 신뢰해야 한다. 나도 분명 벼랑 끝에 서야 할 때가 있었지만, 그분은 그런 나를 결코 외면하지 않으셨다.

산을 옮기다

흔히 교회를 개척하고 3년 정도면 그 교회가 자립 내지는 성장할 수 있는지를 알 수 있다고 한다. 그런데 우리 교회는 개척하고 3년이 되도록 10명을 넘지 못했다. 그러다 보니 지인들이 "요즘 몇 명 모이나요?" 하고 물으면 대답하기가 곤혹스러웠다. 소위 개척 멤버가 되겠다고 약속한 사람들이 초기에 합류하지 않으면 개척은 탄력을 받지 못한다. 나의 경우도 그랬다.

매우 부끄러운 고백이지만 당시에 '저 사람은 내가 개척하면 함께하지 않겠나' 하고 내심 기대했던 사람들도 있었다. 그러나 내가 기대했던 사람들은 아무도 합류하지 않았다. 고등학교 때 국어 선생님의 말이 생각났다. "착각은 이성의 방파제를 넘어 암초에 부딪친다."

개척 초기에는 목회가 단순했다. 농사철에는 새벽기도 후 부모님 농사일을 도와드리기도 하고 금요일이 되면 기도원에 올라갔다. 대구 근교의 주암산 기도원에 갔는데 아는 사람들을 만나는 것이 부담스러웠다. 소위 개척교회 목회자의 '위축증'이었다. 교회가 날로 부흥하고 좋은 소문이 끊이지 않는다면 굳이 사람들을 피할 이유가 없겠지만 개척해서 3년 동안 10명도 넘지 못하면 자연스럽게 위축이 되고 사람들의 시선도 부담스러워진다. 그래서 사람들의 낯을 피해 주암산 정상의 배바위에 올라가서 기도하고 해가 뉘엿뉘엿 넘어가면 그때서야 내려오곤 했다. 이렇게 주암산에서 기도하다 의성 탑리의 금성산 기도원으로 산을 옮겼다(?). 이번에는 혼자가 아니었다. 비슷한 시기에 개척한 목회자들과 함께였다. 개척 사연이 그만그만한 목사님 한 분, 강도사님 한 분, 전도사가 함께 매주 금요일 기도원에 올라갔다. 샛노란 은행잎이 거리를 뒤덮은 의성면 소재지에서 짬뽕 한 그릇씩 배불리 먹고 올라갔다. 기도원이라고는 하지만 문을 닫은 곳이었다. 아무도 없었다. 우리가 열쇠를 관리했고, 매주 조금씩 보일러 기름을 사서 올라가 불을 넣고 기도하다가 내려오는 것이었다. 금성산에서는 아는 사람을 마주칠 일도 없었고, 요즘 몇 명 모이느냐는 질문에 대답할 말을 찾아야 할 필요도 없었다. 금성산에서의 추억은 정말 잊을 수 없다. 가을에는 버려진 기도원에 있던 수많은 감나무의 감을 추수(?)했고, 여름에는 개울에서 가재를 잡는 재미에 빠졌다. 밤이 찾아오면 저녁을 지어먹고 커피를 마시고는 깊은 잠에 빠졌다.

흔히 개척을 시작하면 거창한 구호와 비전을 앞세우고 엄청난 경건의 능력으로 무장되어 있을 거라고 생각한다. 물론 그런 목회자도 많을 것이다. 그러나 나는 개척하면서 오히려 자신을 더 자세히 들여다보게 되었다. 그렇게 하니 오히려 힘이 빠졌고, 자신감은 제로가 되었다. 개척을 시작하고 3년 내내 상승이 아닌 하강이었고, 끝없는 내리막길이었다. 그러나 오랜 세월이 흘러서 보니 개척 초기 폭발적 부흥에서 거리가 멀었던 것이 오히려 감사했다. 개척교회 목회자는 남에게 전파한 후에 자신이 버림을 당할까 두려워하라_{전 9:27}는 바울의 경고를 엄중히 받아들여야 한다. 개척 초기에 경험한 엄청난 부흥이 오히려 저주가 된 사례를 우리 주위에서 흔하지 않게 발견할 수 있기 때문이다.

개척을 시작하고서 빨리 부흥이 되지 않으면 여러 가지 감정이 찾아온다. 자괴감에서 시작되어 자기비하와 자포자기에까지 이르는 것이다. 그러나 바로 그 지점에서 일어서야 한다. 그게 진짜 우리의 모습이기 때문이다. 하나님은 연약한 자를

들어서 사용하신다_{고전 1:27}. 내가 대단해서 사역자가 되었다고
착각해서는 안 된다. 개척교회 목회자든 기존 교회 목회자든
목회자는 그냥 목사의 길을 걷는 것이다. 이 길을 가는 것 자체
가 의미 있는 것이다. 물론 그중에는 유명해지고, 혹은 선망의
대상이 되는 이도 있다. 그러나 우리를 부르신 그분은 우리에
게 성공이 아니라 충성을 요구하신다. 우리는 다만 충정을 올
려드리는 충복이 되어야 한다.

3인의 결심

주암산은 사람의 눈길이 부담스러웠고 또 혼자라는 사실에
힘들었다면 금성산은 일단 여러 시선에서 자유로웠고 또 대화
를 나눌 동역자들이 있었다. 우리는 저녁을 해먹고는 밤늦도록
커피를 마시면서 끝장토론을 이어갔다. 대화는 대개 대형교회
를 비판하고 한국교회의 문제점을 열을 올려 말하는 것으로 시
작해서 우리의 처량한 신세에 대한 울분, 섭섭함, 절망으로 이
어지곤 했다. 그러나 한 가지 희망적인 것도 있었다. 그것은 독
서토론이었는데 우리가 처음 선택한 책은 옥한흠 목사님이 쓰
신 《평신도를 깨운다》였다. 챕터별로 토론을 이어가면서 우리
는 점점 이 책에 빠져들었고 마침내 칼_{CAL} 세미나에 한번 가보
자는 결론에 도달했다.

당시 3인은 모두 개척 초기였고 성도 수도 10명이 채 안 되

었다. 그래서 우리는 당시 프로야구에서 홈런과 도루에 대한 기록으로 20/20클럽, 30/30클럽이라는 말을 쓰는 것처럼 우리 가운데 먼저 20/20클럽에 들어가는 사람을 '사부'로 모시기로 했다. 주일예배 20명, 주일학교 20명이 우리의 '20/20클럽'이었다.

개척교회 목회자에게는 좋은 동역자들이 필요하다. 그 가운데서 특히 함께 고민하고 스터디도 하고, 함께 기도원에도 가고, 세미나에도 갈 동역자들이 있어야 한다. 개척하면서 힘들었던 일, 궁금한 점이나 고민을 털어놓고 위로도 받고 문제도 함께 풀어갈 수 있는 동역자 그룹이 있어야 한다. 개척 사역은 물론 홀로 서야 하는 일이지만 역설적으로 혼자서는 매우 위험한 일이기도 하다.

하나님은 늘 사람을 붙여주신다 출 4:14. 예수님도 제자들을 홀로 보내지 않으셨다 막 6:7. 모이다 보면 현실적으로 비슷한 목회 환경에 처한 사람들끼리 함께하게 된다. 그래서 서로의 얼굴만 봐도 위로가 된다. 그리고 우정과 연대가 맺어지고 돌봄과 치유, 일반화와 집단지성이 가동되는 것이다. 나의 경우 개척 초기에 두세 개의 그룹에 속해 있었다. 한 그룹은 신대원 동기 목사들 가운데 개척한 목회자 모임이었는데 한 달에 한 번 만나서 예배드리고 기도회를 가졌다. 아내들도 함께 모였고 이 모임은 지금까지 계속되고 있다. 또 다른 그룹은 제자훈련 목회자 모임인데 동일한 목회철학을 나누고 배울 수 있다는 점에서 매우 유익했다. 이 모임 역시 지금까지 계속되고 있다.

광인론을 만나다

금성산의 3인은 칼 세미나를 위해 하산했다. 그리고 마침내 제40기 칼 세미나에 참석했다. 이날의 사건은 너무도 생생하여 20여 년이 다 된 지금 생각해도 가슴이 설렌다. 첫날 광인론을 듣던 시간은 평생에 잊을 수 없는 순간이 되었다. 옥한흠 목사님은 카랑카랑한 목소리로 목회자들의 일탈을 미쳤다는 표현으로 일갈했다. 그리고 허상과 허수, 허세에 빠진 '삼허 현상'을 지적하시며, 참된 목자는 숫자로 평가되는 것이 아니라 '한 사람'에 미친 사람이라고 외쳤다. 마지막 순서에 〈헛된 마음 버리고 성령이여 내 영혼 충만하게 하소서〉 찬양을 부르는데 가슴이 터질 것만 같았다. 그동안 눌렸던 모든 감정이 쏟아져 나왔다. IMF로 예배 처소를 잃고 기도원 떡갈나무 아래서 예배를 드리고, 사택마저 철거되고, 개척 3년에 10명이 채 되지 않는 우리 교회 상황과 함께 젊다는 것 외에는 아무런 희망이 보이지 않는 나 자신을 생각할 때 오직 하나님의 은혜만이 유일한 희망이었다. 그리고 나 같은 목사에게는 10명도 과분하다는 것과 아직 이렇게 못난 목사를 믿고 남아 있는 10명의 성도에 대한 긍휼이 흘러 넘쳤다.

옥 목사님의 광인론을 끝으로 첫날 집회가 끝났지만 나는 숙소로 돌아갈 수 없었다. 불 꺼진 안성수양관 본당 바닥에 홀로 주저앉아 울기도 하고 부르짖기도 하고, 탄식도 하며 기도했다. 첫날의 감동이 얼마나 컸는지 나는 이후로 3년 동안 여름

휴가를 안성수양관으로 갔다. 안성수양관은 내가 목회적으로 거듭난 곳이다. 이곳은 나에게 전全 실존이 전능자 앞에서 긍휼을 구했던 루터의 슈토트테른하임Stottemheim과 같은 곳이었다.

신자가 영적으로 거듭나듯이 목회자 역시 목회적으로 거듭나는 순간이 있다. 목회가 무엇인지에 대한 대각성이 이루어지고 소명에 대한 대성찰이 이루어지는 순간이다. 이것은 단순히 많은 세미나에 참석한다고 얻을 수 있는 것이 아니다. 처절할 정도로 극단적 목회 상황에 놓였을 때 비로소 주어진다. 그렇다고 무슨 대단한 기술이나 하늘의 신비를 깨닫는 것이 아니라 내가 '목사'라는 사실을 재발견하는 것이다. 즉, 소명calling과 사명mission을 깨닫는 것이다. 하나님이 부탁하신 한 사람을 위해 비非 영웅적 순교를 할 수 있는 것, 이것이 가장 행복한 목회임을 깨닫는 것이다.

감사하게도 나에게도 그런 순간이 찾아왔다. 옥 목사님의 설교를 들으면서 내 안에 잠재된 세속적 욕망과 경박할 정도의 목회적 이해 그리고 무능과 무기력한 실존과 자아가 드러났다. 그때 할 수 있는 일은 단지 얍복강의 족장처럼 전능자를 붙드는 것밖에 없었다. 그래서 살려달라고 기도했다. 그리고 돌아가면 제자훈련을 하겠노라고, 한 사람을 위해 죽으라면 죽겠노라고 고백했다. 옥 목사님의 한 사람에게 미친 그 열정, 그 불을 이 젊은 놈에게 좀 붙여달라고 매달렸다.

사역자는 부르심에 대한 확고한 붙들림이 있어야 한다. 사도 바울은 자신의 소명을 하나님의 소환으로 이해했고, 그것을 매인 것으로 받아들였다. 이 부르심은 너무도 높아서 신의 소환을 고지받는 순간 사흘 동안 자신을 가리고 있던 비늘 같은 것이 벗겨지는 경험을 한다. 하나님은 이 광야를 질주하던 폭행자에게 육체의 기능 하나를 중지시켜버린 것이다. 나에게 옥 목사님과의 만남, 광인론과의 만남이 바로 그런 순간이었다.

열 명도 과분하다

제자훈련은 나에게 작은 희망이 되었다. 개척을 하고서 3년간 많은 일을 겪었다. 부흥도 없었고, 외환위기에 교회도 사택도 잃어버리고, 그야말로 거리에 나선 '길 위의 교회'가 되었다. 그러나 우리는 교회를 그만둘 수 없었다. 이것이 진정한 '교회론'이다. 이 땅의 교회는 그런 것이다. 교회는 죽은 것 같지만 살아 있고, 끝난 것 같지만 한 번도 그 생명을 멈추지 않았다. 제자훈련은 이미 끝난 것이나 다름없는 교회를 다시 일으켰다.

칼 세미나를 마치고 나서 머릿속에는 온통 제자훈련 생각뿐이었다. '제자훈련을 하고 싶다. 제자훈련을 해야만 한다. 제자훈련을 바로 시작해야 되겠다.' 이렇게 과도한 집념에 사로잡혀 다른 것은 보이지도 들리지도 않았다. 마침내 1999년 2월에 칼 세미나를 수료하고 4월에 첫 제자반 1기를 시작했다. 소위 말하는 토양 작업이라는 것도 없었다. 남제자반 4명, 여제자반 3명이 입학예배를 드리고 시작했다. 그야말로 전교인의 제자훈련이었다.

남제자반에는 세 분의 집사님과 한 분의 장로님이 모였다. 예배 처소가 없었기 때문에 매주 가정을 돌아가며 모였다. 구미 석적면에서, 방촌동에서, 복현동과 신당동에서 돌아가며 모였다. 형제들의 근무가 끝나고 모이면 9시가 넘었다. 이렇게 시작된 제자훈련은 보통 새벽 1시를 넘기기 일쑤였다. 제자훈련을 먼저 시작한 선배 목사님들에게 하나하나 묻고 지도를 받았다. 그러나 돌이켜보면 나 역시 변변한 훈련을 받아본 적이 없었다. 심지어 QT나 귀납법적 성경공부에 대해서도 배우지 못했다. 인도자로서 너무도 부족했다.

그러나 내가 기억하는 제자반 1기는 눈물이 있는 제자반이었다. 훈련이 끝나고 훈련생 한 사람, 한 사람을 위해 기도하면서 많이도 울었던 기억이 난다. 당시 교회는 예배 처소가 없었고, 좀 더 현실적으로 말하자면 교회가 내일 어떻게 될지 모르는 상황이었다. 새벽 1시를 넘겨 제자훈련이 끝나고 한 사람, 한 사람을 붙들고 기도하는데 내일의 기약이 없었던 까닭에 연민과 안타까움, 설움의 감정이 몰려왔던 것 같다. 기도하는 목사도 울고, 훈련생도 함께 울었다. 신혼 살림처럼 규모도 없었고, 무릎을 탁 칠 만한 스킬이나 실력도 없었다. 인도자도 첫 제자훈련이었고, 훈련생들도 첫 제자훈련이었다. 그래서 꾸밀 줄도 몰랐고, 융통성도 없었다. 매일 D형 QT를 숙제로 내고 또 숙제를 해왔으니 참 대단한(?) 제자훈련이었다.

여제자반은 훈련받을 사람이 없었다. 아이가 어린 자매들을 제외하니 한 반을 만들기 어려웠다. 그래서 대상자는 아내 혼자였다. 다른 교회에 출석하는 자매 두 사람이 지원해 세 사람이 한 반이 되었다. 소풍도 가고 몇 장의 사진이 남아 있는 것으로 보아 좋은 추억을 만들려고 노력했던 것 같다.

제자훈련에서 제1기는 매우 중요하다. 1기가 실패하면 제자

1999년 4월, 잊을 수 없는 제자반 1기 입학예배(대구시 동구 방촌동)

훈련은 끝났다고 해도 과언이 아니다. 제자훈련은 유기적이고 공동체적이어서 한 기수가 미치는 영향은 깊고 길다. 또한 제자반 1기는 사역반 1기로 갈 수 있을지를 결정하고 제자반 2기 모집에도 큰 영향을 미치기 때문에 단순한 한 기수 이상의 의미가 있다. 그렇다면 어떻게 해야 성공적으로 1기를 마칠 수 있을까? 그런 것은 없다. 1기는 단지 좀 더 절절할 뿐이다. 제자훈련을 10년, 20년 하는 목회자를 보더라도 다 성공한 것도 아니고, 대단한 능력을 가진 것도 아니다. 다만 '한 사람 철학'이 분명하고 빠른 길, 속히 잡는 성공보다 더디고 하찮은 결과일지라도 좁은 길을 선택한 분들이다. 그래서 더 간절할 뿐이다.

영광을 받으셔야 할 분은 하나님 한 분뿐이다. 그러므로 제자훈련을 처음 시작하는 분들은 자신의 목회 생애에서 마지막 제자반이라고 생각하고 훈련에 임해야 한다. 부족하면 부족한 대로 한 사람, 한 사람에 집중하면 된다. 사실 성공과 실패의 기준은 없다. 가령 1기 훈련생들이 모두 탈락했다고 해서 어찌 실패라고 하겠는가? 1기 훈련생들이 모두 수료했다고 해서 성공했다 할 것인가? 제자훈련 목회자는 이미 이 길을 가기로 결정한 사람들이기에 성공이든 실패든 상관없이 이 좁은 길을 가는 것이다.

나의 경우 제1기 제자반은 특별했다. 제1기 남제자반의 세 분은 본 교회 시무장로가 되었다. 집사님 한 분이 서울로 이사 가신 것을 제외하면 제1기 제자반 훈련생 모두 시무장로가 된 것이다. 이제 제1기생들은 함께한 세월이 20년이 다 되어 간다. 이들은 교회의 중추적 역할을 할 뿐 아니라 목사와 장로의 관계를 넘어 형제요, 친구로서 반반세기를 맞고 있다. 또 여제자반의 한 자매는 불신 남편과 함께 우리 교회로 왔는데 지금은 그분이 시무장로로 섬기고 있다. 이분들이 장로가 되어서가 아니라 함께 광야 길을 지나왔기 때문에 특별한 것이다. 우리의 관계는 늘 바람 앞에 있었지만 그 바람이 우리를 갈라놓지 못했다. 20여 년의 목회 여정에서 수백 번의 아쉬움이 있어도 이 한 가지만으로 위로가 된다.

이 교회를 어떻게 할까요?

당시 우리 교회가 당면한 가장 큰 문제는 예배 처소가 없다는 것이었다. 무료로 사용하던 상가가 IMF로 경매에 넘어가고 주일예배는 파랑새 피아노학원에서, 오후예배는 주암산 기도원이나 공원에서 드렸다. 수요예배나 새벽기도회는 아예 드릴 수 없었다. 또 당시 시대적 분위가 암울했다. 외환위기르 모든 것이 위축되어 있었다. 피아노학원에서의 예배도 1년 정도만 허락받았기 때문에 계속해서 예배를 드릴 수는 없었다. 우리는 무엇이든 해야 했다. 나의 기억으로는 신당동 원룸 사택에 네 분의 제직회원이 모였다. 의제는 "이 교회를 어떻게 할까요?"였다. 교회를 그만 둔다면 여기서 그만 두어야 하고 계속한다면 무슨 수를 내야만 했다. 우리는 교회를 계속하기로 했다. 그리고 예배 처소가 없는 상태로 계속 갈 수는 없다는 결론과 아울러 지금의 방촌동을 떠나 정반대에 있는 성서로 교회를 옮길 것을 결정했다. 당시 계명대학교 성서캠퍼스가 있던 파호동에 짓고 있는 대단위 아파트단지의 상가를 분양받기로 했다. 우리는 분양 추첨에 참가해 최대 2억까지 써 넣기로 했다.

당시의 위축된 분위기에서는 대단한 결정이었다. 당시 우리 교회가 가진 돈은 400만 원이 전부였다. 그렇게 어려운 중에도 미래를 위해서 헌금을 저축했던 것이다. 우리는 한 번도 가보지 않았지만, 또 어떤 어려움이 기다리고 있는지조차 알지 못했지만 미래로 나아가는 길을 선택했다. 이 결정은 제자반을 시작한 지 몇 달이 되지 않아서 내린 것이었다. 나는 이 대담한 결정의 배경에 제자반이 있었다고 말하고 싶다.

삶과 사역은 수채화처럼 낭만적이지만은 않다. 땀이 흐르고 결단의 고뇌가 있다. 예수님도 목공소 안에서 한가롭게 커피나 마신 게 아니다. 그분에게는 부양해야 할 어머니와 동생들이 있었다. 사명의 길을 나서야 할 때 왜 고뇌가 없었겠는가? 목회도 마찬가지이다. 하물며 제자훈련 목회는 오죽하겠는가? 절대 평범할 수가 없는 목회철학 아닌가? 그러나 제자훈련에는 저력이 있다. 제자훈련은 단순한 목회 프로그램 중 하나가 아니기 때문이다. 제자훈련은 훈련생과 목회철학을 공유하고, 함께 고민하며 함께 짐을 지는 것이다. 훈련생들이 관객의 자리에서 내려와 함께 십자가를 지고 복음을 위해 수고하고 희생을 마다하지 않는 것이다. 실로 제1기 제자반은 나와 생사고락을 함께했다. 저들은 지레 겁을 먹거나 물러서지 않았다. 복음과 함께 전진했다. 부담스러운 현실 앞에서 목회자처럼 울었고, 극단적인 상황에서도 우정을 선택했다. 그러므로 제자훈련 목회자는 제자훈련 하느라 모든 것을 희생하지만, 동시에 훈련생들과 위대한 길을 걸어간다. 어떻게 이것이 가능한가? 여기에 제자훈련의 순전純全, pure이 있다.

"309호 임종구 고객님, 당첨되셨습니다"

열 명이 전부인 우리 교회는 그렇게 새로운 대단위 아파트 단지 상가 분양에 뛰어들었다. 상가 분양 계약금 500만 원을 내고 입찰에 참여한 것이다. 우리 교회는 3층 309호를 써넣었다. 기억으로는 1억 7천 5백만 원을 써넣었다. 60평이었다.

마침내 분양 발표하는 날이 되었다. 회사에 근무하시는 집사님들도 점심시간을 이용해 모델하우스로 왔다. 1층 101호부터 발표가 시작되었다. 4천 세대 대단지 아파트 상가였기 때문에 신청자가 많이 몰렸고 열기도 뜨거웠다. 당첨된 사람들은 환호를 지르고 여기저기서 축하의 소리가 들렸다. 그리고 마침내 309호가 발표되었다. "309호 임종구 고객님, 당첨되었습니다." 당시 발표 현장에는 세 분의 집사님이 함께 계셨다. 우리 교회 당첨 소식이 들렸지만 정작 우리는 별다른 세리머니 없이 헤어졌다. 환호성도 없었고, 하이 파이브도 없었다. 당첨의 기쁨보다 당첨의 부담이 컸던 것이다. 집사님들이 돌아간 후 나는 모델하우스 화장실에 와서 울었다. 묘한 울음이었다. 기쁨, 설움, 두려움의 감정이 섞여 있었다. 우리의 형편을 잘 알기에 덜컥 당첨되어버렸다고 하는 것이 맞을 것이다. 아무것도 없는 내가 앞으로 어떻게 이 모든 상황을 책임질 것인지, 그 무게는 얼마나 되며, 그 길은 또한 얼마나 험할지에 대한 두려움이 어깨를 눌렀다.

제자훈련은 나에게 작은 희망이 되었다. 개척을 하고서 3년간 많은 일을 겪었다. 부흥도 없었고, 외환위기에 교회도 사택도 잃어버리고, 그야말로 거리에 나선 '길 위의 교회'가 되었다. 그러나 우리는 교회를 그만둘 수 없었다. 이것이 진정한 '교회론'이다. 이 땅의 교회는 그런 것이다. 교회는 죽은 것 같지만 살아 있고, 끝난 것 같지만 한 번도 그 생명을 멈추지 않았다. 제자훈련은 이미 끝난 것이나 다름없는 교회를 다시 일으켰다. 나 역시 소명 앞에 섰던 모세처럼 피하고 싶은 길이었지만 그분은 우리가 달려가야 할 길을 가리키고 계셨다.

이 땅의 모든 교회에는 값이 매겨져 있다. 먼저는 우리 주님의 핏값이다. 그분은 자신의 육체를 희생하셔서 교회를 사셨다_{행 20:28}. 또한 자신의 교회를 위해 교직 제도를 만드시고 종들을 세우셨는데 그들 역시 교회로부터 유익을 누리거나 그 위에

군림하는 것이 아니라 자신에게 맡겨진 사람들을 위해 해산의 수고_{갈 4:19}를 다해야 한다. 이런 과정에서 목사의 어깨에는 무거운 짐이 부여된다. 형언할 수 없는 심적인 고통을 겪으며 정서적인 지지로부터 고립되기도 하고, 모든 비난과 오해와 책임을 온몸으로 느끼며 강단에 서야 하는 것이다. 기실 목사의 길은 좁은 길이요, 자기부인과 타자를 위한 희생의 길이다.

밀레니엄과 이사

우리 교회는 예배 처소가 없는 상태로 이미 2년이 지나고 있었고, 당시 시대 분위기도 어수선했다. 소위 밀레니엄_{M llennium}이 다가오고 있었다. 밀레니엄은 새로운 희망과 두려움을 함께 안고 다가왔다. 우리 교회도 밀레니엄을 앞두고 새로운 장소에서 새로 시작하리라는 소망으로 이사할 날만을 기다렸다. 그러나 그 과정은 순탄하지 않았다. 중도금까지는 삼성중공업이 보증을 하고 삼성생명에서 대출해주었지만, 잔금은 쉽지 않았다. 이유는 간단했다. 교회라고 하기엔 너무 규모가 작아서 보증 여력이 없다고 본 것이다. 우리는 가진 것이 없었다. 비전은 있었지만 대책도 현실 감각도 부족했다. 잔금을 맞추기 위해 소위 건축헌금을 작정했다. 다섯 가정에서 작정헌금이 얼마나 나오겠는가? 자가 주택을 가진 사람은 한 명도 없었다. 이 과정에서 순전을 다해 충정을 드리는 신실한 분들이 있었다. 우여

2000년 1월 밀레니엄과 함께 이사한 교회
(대구시 달서구 파호동 명가라운상가)

곡절 끝에 우리는 잔금을 치르고 밀레니엄과 함께 교회 이사를 시작했다. 새롭게 의자와 강대상을 맞추고 십자가 종탑도 올렸다. 교회 이름은 '푸른초장교회'가 되었다. 혹시 모를 주민들의 반대를 의식해서 상가에서 가장 먼저 입주했다. 그야말로 새로 개척하는 것이나 다름이 없었다. 모든 것이 2000년 1월 30일에 일어난 일이었다.

인생의 생애주기와 같이 목회에도 어떤 변곡점이 있다. 나에게는 바로 이 순간이 최고의 변곡점이었다. 모세의 인생에서도 출애굽은 가장 큰 변곡점이었을 것이다. 애굽에서 나오는 그날 아침까지 모세 역시 한치 앞을 내다볼 수 없었던 것과 같이 나의 목회 여정에서도 2000년 성서 지역으로의 이전은 출애굽을 방불케 하는 일대 사건이었다. 목회자는 때로 자신이 한번도 걸어보지 못한 길을 걸어야 하고, 자신이 확신할 수 없는 일을 해야 하고, 자신이 원하지 않는 위험 부담과, 자신의 경험과 원칙으로 설명되지 않는 결정에 따라야 하기도 한다.

다음 주 주보를 찍어야 합니까?

새롭게 이전한 곳은 동구 방촌동과는 환경이 많이 달랐다. 방촌동은 대구공항이 인접해서 소음이 심했다. 예배 중에도 비행기가 뜨고 내리는 소리를 들어야 했다. 또 인근에 학교도 없었고, 심지어 높은 빌딩도 지을 수 없는 곳이었다. 그러나 새롭게 이전한 성서 지역은 신도시였다. 교회는 계명대학교 성서캠퍼스에 인접해 있었고, 지역은 활발하게 발전하고 있었다. 또 교회가 이전한 상가는 4천 세대 아파트에 딸린 단독 상가였다. 사람들은 이제 목이 좋은 곳(?)으로 교회를 옮겼으니 부흥할 일만 남았다고 덕담을 했다. 나 역시 개척교회로서 좋은 입지를 가진 곳으로 이전했으니 내심 기대하는 마음이 있었다. 그러나 그것은 착각이었다. 마치 차를 몰다가 엉뚱한 길로 들어선 그런 느낌이었다.

우리가 이전한 시기에 다른 두 교회도 이전해왔다. 우리는 달랑 10명이었지만 다른 교회는 어느 정도 규모가 있었다. 거의 동시에 세 교회가 이전했고, 두 교회는 기존 교세와 함께 비약적으로 성장한 반면, 한 교회는 그러지 못했다. 사람들은 예배에 왔다가도 10명이 앉아 있는 모습을 보고는 예배가 끝나기 무섭게 달아났다. 그리고 아파트에 소문이 났다. '저 교회는 성도도 몇 안 되는데 빚을 지고 무리해서 상가에 들어왔다더라.' 교회를 이전한 1월부터 그 한 해는 나에게 평생에 더할 수 없는 가장 뼈저린 고통의 시간이었다.

새벽기도에 아무도 오지 않았다. 본 교회 성도들은 다른 지역에 살고 있어서 올 수 없었고, 그나마 아파트 분들이 나와야 하는데 한 사람도 우리 교회로 올라오지 않았던 것이다. 하루는 상가 옥상에 올라가 보았다. "왜 한 사람도 새벽기도에 오지 않을까?" 몇 주째 혼자 새벽기도를 드리다가 옥상에 올라가 보

 단단한 교회

니 사람들이 성경책을 들고 나오는데 다른 두 교회로만 가고 있었다.

당시 우리 교회는 이전을 하면서 빚을 지고 있었다. 한 달에 은행에 이자만 500만 원을 냈다. 적지 않은 돈이었다. 교회의 한 달 헌금 총액은 200만 원 수준이었지만, 대규모 아파트단지로 이전하기 때문에 몇 가정만 등록해도 최소한 은행 이자 정도는 낼 수 있겠다고 생각했다. 그러나 사람들은 우리 교회로 오지 않았고, 다른 두 교회는 매주 부흥하고 있었다. 하루는 그 두 교회에 가서 주보를 보았다. 주보에는 매주 등록한 사람들 이름이 실려 있었는데 거의 10명씩 오는 것 같았다.

일단 헌금에서 모자라는 부분은 어찌어찌 채워서 은행 이자를 갚았다. 그러나 계속 그렇게 할 수는 없었다. 1월부터 이런 상황은 개선되지 않고 시간만 흘러갔다. 4월이 되자 초조해졌다. 노회에 소문이 파다해졌다. "그 교회 아직 예배드린답니까?" 기아로 죽어가는 아이를 보는 심정이었다. 노회 어른들은 "임 목사, 밥이라도 많이 먹고 가라"고 말씀하셨다. 새벽 강단에서 혼자 별의별 기도를 다 해보았다. "하나님, 세 교회 목사 중에 제가 나이가 제일 어린데 저 좀 봐주셔야 되는 것 아닙니까?" "하나님, 이 교회가 문을 닫는 날 저의 생명도 교회의 운명과 함께하고 싶습니다." 그렇게 기도했다. 제정신이 아니었다.

하루는 새벽기도를 마치고 사택으로 돌아오는데 정신을 차려보니 외곽도로를 달리고 있었다. 교회에서 5분이면 도착할

거리인데 30분 이상을 운전하면서도 몰랐던 것이다. 차를 돌려서 돌아가야 하는데 솔직히 그렇게 하고 싶지 않았다. 길이 있다면 그냥 계속 달리고 싶었다. 4월에는 얼마나 신경을 썼던지 몸무게가 한 달 사이에 10킬로그램이 빠져 몸에 맞는 바지가 하나도 없을 정도였다. 10명의 성도들 얼굴에도 아무 표정이 없었다. 교회가 처한 상황이 우리들의 얼굴에 나타나고 있었다. 성도들도 적지 않은 돈을 헌금했고, 매달 은행 이자를 채우기 위해 이래저래 돈을 돌려 대고 있었다.

당시 아내는 둘째를 출산하기 위해 김해에 내려가 있었기에 나는 혼자 이 힘든 상황과 싸워야 했다. 흔들리는 마음을 잡을 길 없었고, 누구 한 사람이라도 붙들고 하소연할 곳조차 없었다. 그러나 살아야 했다. 그래서 종일 옥한흠 목사님 설교 테이프를 들었다. 그러지 않으면 죽을 것만 같아 결사적으로 들었다. 설교를 들으면 나도 모르게 성경 속으로 들어갔다. 내가 처한 상황을 떠나 성경 속으로 들어가는 것이다. 그렇게 몇 시간씩 설교를 듣고 나면 마음이 진정되고 잠을 잘 수 있었다.

이런 상태가 6월을 넘어 7월로 가는 상황이었다. 매달 은행 이자를 채울 자신이 없어졌고, 대책도 없이 언제까지 손 놓고 있을 수는 없었다. 이제 남은 것은 '언제 교회를 포기하고 그만두느냐' 하는 것이었다. 이런 생각이 들자 다음 주 주보를 찍어야 하나 하는 생각이 들었다. "주님, 다음 주 주보를 찍어야 합니까?"

목회자는 자신의 목회 현장에서 평생에 한번 있을까 말까
한 극한의 상황을 맞는다. 목회는 결코 낭만적인 것이 아니다.
하나님은 소용돌이 속으로 몰아넣기도 하신다. 이때는 벽약이
무효하다. 어떤 실천신학적인 조언도 먹히지 않는다. 누구도 경
험해보지 못한 상황인데 무슨 조언을 할 수 있겠는가? 그때 대
개 인간적인 방법을 동원하기 쉽다. 우리가 인간이기 때문에
그렇게 되는 것이다.

이런 극단적 상황이 되면 국면타개를 위해 수단과 방법을
가리지 않는다. 나의 미천한 경험으로는 인간적으로 애를 쓰다
보면 상황이 오히려 더 어렵게 될 수 있다. 그때는 하루를 살아
야 한다. 내일이 없기에 다음 주 주보를 찍어야 할지조차 모르
기 때문에 그저 하루를 살 수밖에 없다. 하루를 정직하게 주님
께 올려드리는 것이다. 나는 지금도 잠자리에 들 때 감사기도
를 한다. 그 기도는 단순하지만 너무도 절실하다. "주님, 오늘도
참 감사합니다." 내일이 없는 하루를 살아본 사람이 드리는 가
난한 기도이다.

우리는 비전을 노래할 때 곧잘 독수리를 언급한다. 높은 창
공을 나는 독수리처럼 살면 얼마나 좋겠는가? 그러나 우리의
현실 목회는 최첨단 기술을 자랑하는 전투기들의 에어쇼가 아
니다. 우리의 비전은 독수리보다는 오히려 우직한 소를 닮았다.
말없이 밭에서 일하는 소처럼 종일 뙤약볕을 맞으며 밭에서 일
하는 것이다. 그러나 많은 목회자가 무책임한 교회 성장 드라

마에 빠져 있는 것이 현실이다. 기-승-전-성공의 세미나와 간증들이 고난의 목회 현장을 제대로 가르쳐주지 못하고 있다. 목회 현장은 너무도 절박한 곳이다. 세미나에서 한 번도 들어 보지 못한 극한의 광야에서 현장 목회자들은 길을 잃고 절망하고 있다. 그러나 모세와 바울이 그리고 예수께서 광야에서 준비되셨다는 사실을 기억하자. 혹독한 목회 시련은 하나님이 종들을 교회에 보내시며 통과하게 하시는 그분의 경륜이며, 목회자는 그 시련의 때를 잘 지나야 한다. 혹한의 겨울을 지나고 흑매화가 꽃을 피우듯이, 제 몸속에 상처를 안고 살아 마침내 영롱한 진주가 만들어지듯이, 하나님이 쓰시는 종도 시련이라는 광야를 통해 준비되는 것이다. 현장의 극한 상황에서 목회자를 도우실 분은 오직 하나님 외에는 없다. 그러므로 목회자는 이런 상황을 맞을 때 자신의 생사여탈권을 가진 분만을 바라보며 하루를 살아 내야 한다.

기실 목회도 잘될 때는 하나도 힘들지 않다. 하지만 극한 상황에서는 그야말로 십자가를 지고 주님을 따르는 것이다. 그러나 그 훈련은 결코 헛되지 않다. 오히려 막다른 환경은 극상품 포도를 생산한다.

종교개혁자 장 칼뱅Jean Calvin, 1509-1564 역시 막다른 환경에 몰리고 가장 낮은 상황에 처했을 때 역작이 나왔고, 신학은 예리하고 순수해졌다. 기독교는 고난을 통해 피어나는 꽃이다. 루터파는 칼뱅파보다 먼저 종교의 자유를 획득했다(아우크스부르크 종교화약, 1555년). 그러나 칼뱅파는 그 후로도 무려 100여 년 가까이 고난을 당했다(베스트팔렌조약, 1648년). 그 결과 1590년대부터 유럽에서는 칼뱅파의 영향력이 훨씬 더 강해졌다. 고난의 유익은 내가 굳이 강조하지 않아도 성경이 말해주고 있다. 그러므로 고난 가운데 있는 목회자는 우울해할 필요가 없다. 오히려 그분이 장차 행하실 일들을 기대하며 자신의 생애에 가장 낮은 코스를 숭고하게 완주해야 하는 것이다.

일회용 분유와 짜장면 권사님

은혜는 가슴에 새긴다는 말이 있다. 역경과 극한의 순간에 손을 내밀어주는 사람을 잊을 수 없기 때문일 것이다. 당시 나에게는 어린 두 딸이 있었고, 바로 이어서 아들이 태어났다. 둘째와 셋째가 연년생이었다. 하필 가장 힘들 때 젖먹이가 둘이나 되었던 것이다. 나와 아내의 생활은 말할 필요가 없었다. 사례비를 받아본 지는 오래되었고, 교회 이자를 메꾸기 위해 농사짓는 부모님 농자금에, 친족과 처가의 돈까지 밀어넣었다. 우리는 죄인이 되어 있었다. 그야말로 돈이 바짝 말라 있었다. 지폐는 구경도 못해봤고, 카드빚은 채무불이행 상태였다. 문제는 세 아이였다. 기저귀는 천 기저귀를 만들어 사용했지만 분유는 어떻게 할 수 없었다. 우리는 돈이 생기면 일단 분유부터 사놓았다. 그러나 이마저도 힘들어졌다. 그래서 쌀을 씻으면 나오는

쌀뜨물을 끓여서 두 아이에게 먹였다. 어쩌다 동전이 모이면 마트에 가서 1회용 분유를 몇 개 사놓았다가 두 아이에게 나누어 먹였다. 2000년과 2001년의 내 사진을 보면 특징이 있다. 얼굴에 아무 표정이 없다. 그래서 지금도 그 시절 사진을 차마 보지 못한다.

형편이 이러니 강단에 서는 내 몰골도 말이 아니었다. 한번은 어느 교회 권사님이 예배에 참석했다가 예배 내내 울다가 가셨다. 그리고 며칠 후 전화하셔서 자신이 경영하는 중국집에 다녀가라고 했다. 아내와 세 아이를 데리고 중국집에 찾아갔다. 손님이 없는 오후에 우리에게 짜장면과 탕수육을 만들어주셨다. 그리고 설교할 때 입었던 양복은 더 이상 입지 말라고 하시며 새 양복 하나를 건네셨다. "목사님, 새 아파트로 이사 온 사람들은 까다로워요. 새 양복 입으시고 자신 있게 설교하세요."

목회자에게 고난은 어떤 의미에서 특수하기까지 하다. 때문에 어둡고 심지어 사회적 문제가 되는 가정이 생기기도 한다. 나 역시 교회개척 22년을 돌아볼 때 아내와 자녀들에게 미안한 감정을 감출 수 없다. 목회자는 무조건 가난해야 한다는 말도 들었다. 하지만 동의하기 어렵다. 목회자든 평신도든 모두가 사람이고, 가정을 꾸리고 자녀를 낳고 살아간다면 크게 다를 바가 없을 것이다. 그러나 현실은 그렇지 않다. 여기에 고통의 문제가 있다.

"하나님, 아빠 돈 많이 벌게 해주세요"

목회자들은 이래저래 가족들에게, 또 부모 형제들에게 늘 죄인이다. 개척교회 목사는 더 그렇다. 그래도 참 감사한 것은 아이들이 큰 병 없이, 마음의 상처 없이 자라준 것이다. 막내가 어릴 때 "하나님, 아빠 돈 많이 벌게 해주세요." 그렇게 식사기도를 했다. 개척교회의 궁핍한 생활이 어린 막내에게도 절실한 기도였던 것 같다. 하지만 목사인 젊은 아빠는 철이 없어서 아이들을 인격적으로 대하지 못했다. 세 아이를 키우면서 한 녀석도 백일잔치, 돌잔치를 못했다. 어린이집과 학원은 이웃 교회 집사님들이 운영하는 곳에서 편의를 봐주서서 그나마 보낼 수 있었다. 아이들은 엄마 아빠가 개척교회를 섬기느라 힘들 때 언제나 "아이고 주여, 아이고 주여" 이렇게 말했다고 그 시절을 기억한다.

막내

아버지는

목사가 되는 것보다

믿음 좋은 사장님이 되었으면 좋겠다던 녀석

여행가방을 챙겨 창녕으로 캠프를 떠났다

캠프 가는 막내에게 오천 원을 주었다

가방을 챙기면서 막내 슬리퍼에다 이름을 적어 주었다

캠프에서 신발을 잃어버릴까 걱정이 되었다
지금쯤 무얼 하고 있을까
여름밤
모처럼
달이 밝다.

아버지는
목사가 되는 것을 싫어하셨다
신학을 하겠다고 했을 때 말없이 우셨다
하계덕 막내가 객지에 나가 무엇을 하는지 새동막 사람들은
알 길이 없었다
녀석의 침대에 누워본다
막내 냄새가 난다
여기저기 널브러진 딱지가 하품을 한다
지금쯤 무얼 하고 있을까.

예배당을 건축한 후에도 교회에 부채가 있어 늘 힘들었다.
푸른초장교회가 부도가 났다더라, 목사가 사임을 했다더라, 심
지어 목사가 교통사고로 즉사했다더라…. 이상한 소문들 때문
에도 마음이 많이 상했다.

교회 개척 20년 동안 열한 번을 이사했다. 그때마다 늘 침대
나 책상이 바뀌었는데 이사 가시는 집사님들이 주신 물품이 사

택에 채워진 것이다. 한번은 교회에서 멀리 떨어진 곳으로 사택을 옮겼다. 그때 경황이 없어서 아이들에게 자세하게 설명을 해주지 못했다. 아이들은 전학을 해야 했는데, 그게 막내에게는 적잖은 충격이었던 것 같다. 아빠가 교회를 사임한 것으로 생각했는지 막내는 어렵게 말을 꺼냈다. "아빠, 이제 우리는 어느 교회를 다녀야 해?" 이렇게 막내가 힘들 때는 막내였던 나 역시 힘들었다. 나에게 가난을 통한 훈련은 언제까지일까? 사택을 구하지 못해 몇 달을 시달렸을 때는 정말 정서가 바닥이 나 버렸다.

저놈도 아빈가 보다

바람부는 날 강창교를 건넌다
오늘 이 세상 아버지들이 걸어갔을 길을 따라
강을 건넌다
궁산서벽 아래 오리 떼가 보인다
유난을 떠는
저 오리
부지런히 강에 목을 처박고 연신 물질을 하는
저 늙은 오리
저놈도 아빈가 보다
차들이 쌩쌩 지나간다

유난히 화물차들이 많아 보인다

전화가 온다

제일부동산인데요

여보세요 여보세요

차소리에 잘 들리지 않는다

바람부는 날 금호강을 건넌다

이 세상 아버지들의 얼굴을 때리고 지나갔을

섣달 피죽바람 맞으며.

어려운 시절을 지나면서도 악착같이 넣던 암보험을 깨고 가족들에게 손을 내밀어 겨우 이사를 마쳤을 때 아내는 아프지 말게 해달라고 기도했다. 이 기간 나는 심령이 상했지만 놀라운 것은 아내의 태도였다. 아내는 불평하지 않았다. 오히려 감사하다고 했다. 아내가 없었다면 개척도, 목회도 계속하지 못했을 것이다. 목사 남편을 위해서 자신의 감정마저도 드러내지 않았다. 아내는 막내 출신(?)인 나를 위해 주일 사역을 마치고 돌아오면 언제나 발을 씻겨주고 손톱, 발톱을 깎아주었다. 그리고 식탁은 가난했지만 늘 풍성했다. 아내는 늘 따뜻한 밥을 해주었다. 아내는 강했다. 심지어 아프지도 않았다. 왜 아프지 않았겠는가? 그러나 늘 골골한 것은 나였고, 아내는 그런 나를 늘 챙겨주었다.

안해를 본다

안해는 몇 번이고 내 손을 잡았다 놓았다 한다

저가 한의사도 아니면서

맥을 잡으려는 듯 그렇게

내 손을 잡았다 놓았다 했다

안해는 한 잠도 못잤으리라

물수건으로 내 몸을 연신 닦으면서

며칠은 쉬어야겠네요

설교는 신 목사님께 부탁해야겠네요 한다

새벽에 깨어보니 두 시

안해는 곤하게 잠들어 버렸다

나를 간호하다가 잠든 것이다

내복을 입은 아내가 너무도 아름답다

세상에 이렇게 아름다운 여자가 있을 것인가

한 벌뿐인 안해의 내복

몇 년째 내복을 하나 더 사야겠다고 말해왔는데

올 겨울도 결국 이 내복으로 나게 생겼다

내복을 세 벌이나 가진 남편이

한 벌뿐인 내복을 입고 잠든 안해를 본다

온 가족이 봄소풍 가는 꿈을 꾸고 있을 안해를 본다

물끄러미 부끄러이 본다.

종종 개척교회를 시작하면서 자문을 구하기 위해 찾아오는 젊은 목사 부부를 만날 때면 목사님의 아내 되는 분에게 개척교회의 사명이 있느냐고 물어보곤 한다. 왜냐하면 이 길고 외로운 싸움의 승리는 목회자의 아내에게 달려 있기 때문이다. 어떤 목사님이 목회를 마무리하면서 90퍼센트는 아내 덕분이라고 말한 적이 있는데 지금은 그 말이 이해가 된다. 개척교회 목사는 아내와 자녀들의 헌신을 당연하게 생각해서는 안 된다. 또 교회의 평신도 리더들도 목회자 가정을 따뜻한 눈으로 바라봐야 한다. 목사나 선교사는 무조건 희생해야 한다고 목소리를 높이는 분들에게서 하나님 아버지의 마음을 찾기는 쉽지 않다.

서울대 전도폭발팀

교회가 동구 방촌동에서 달서구 파호동으로 이전하고서 그해 봄과 여름은 참으로 어두운 계절이었다. 같은 시기에 옮겨온 다른 두 교회는 눈에 띄게 성장했지만, 우리 교회는 그대로였고, 교회가 언제까지 버틸 수 있을지 확신이 서지 않았다.

7월 초에 낯선 전화 한 통이 걸려왔다. 서울대학교 교수 한 분이 대학교 내 전도폭발훈련 동아리를 지도하고 있는데, 여름방학에 실습차 대구로 내려올 계획이라고 했다. 학생들과 학기 초부터 계명대학교 주변 전도를 위해 기도와 훈련으로 준비했는데 가까운 위치에 있는 푸른초장교회를 베이스캠프 삼아 일

언제나 강한 성정과 온유한 모습으로 곁을 지켜준 아내
(20주년 기념주일)

주일 동안 활동하기를 원했다. 장소와 재정을 협조해달라는 부탁이었다.

참 난감했다. 우리 교회는 그럴 분위기도, 형편도 되지 못했다. 그래서 정중하게 거절하고 인근의 다른 큰 교회를 연결해드리겠다고 말했다. 그런데 교수님은 학생들과 함께 계명대학교 전도와 베이스캠프 장소로 사용할 푸른초장교회를 위해서 3월부터 기도해왔기 때문에 그럴 수 없다고 했다. 그러면서 교회를 집회장소로 사용하고, 45명의 전도팀을 위한 숙소와 재정에 300만 원가량이 필요한데 우리 교회에서 감당해주면 고맙겠다고 말하는 것이었다. 어쩔 수 없이 교회 문을 닫을 때 닫더라도 어떻게든 전도팀을 맞을 준비를 해야 했다. 일단 숙소는 호텔이나 여관을 잡을 여력이 없으니 홈스테이를 하기로 하고 다른 교회를 섬기시는 장로님의 아파트를 허락받았다. 식사는 계명대학교 학생식당을 이용하기로 했다.

7월 마지막 주 월요일 오전에 전세버스 한 대가 서울에서 내려왔다. 교수님 4분과 학생 40여 명이었다. 이들은 내려오자마자 교회로 가서 기도하고 바로 전도 현장에 투입되었다. 그러고는 늦은 밤에 다시 교회로 와서 평가회와 기도회를 했다. 다음 날 새벽기도회에 모두 나와서 한 시간씩 기도하고는 종일 계명대학교를 중심으로 전도를 했다. 그리고 저녁에는 전도한 사람들을 초청해서 전도 집회를 열었다. 식사비는 이들에게 숙소를 제공한 가정에서 감당해주셨다. 그리고 이들은 나를 위해

     단단한 교회

서도 많이 기도해주었다. 이 교회의 상황을 읽어 내는 것은 이들에게도 어려운 일이 아니었다.

어느덧 한 주간이 지나고 토요일이 되어 떠나기 전 학생대표가 봉투를 하나 내밀었다. 자신들이 헌금을 모아서 교회에 드리는 것이라 했다. 2백만 원이었다. 전도팀이 떠나고 우리는 다음 날 주일을 맞았다. 그리고 처음으로 우리는 그달 돈을 빌리지 않고 은행이자 500만 원을 납부했다. 교회 헌금과 전도팀의 헌금을 모아서 처음으로 이자를 자력으로 지불한 것이다.

서울대 전도폭발팀의 방문과 사역은 우리 교회에 큰 변화의 시작이 되었다. 혼자서 어쩌다 한두 명이 드리던 새벽기도회는 비록 일주일이었지만 매일 새벽과 저녁마다 기도 소리가 끊어지지 않았고, 작은 예배당은 가득 찼다. 또 사방으로 막혀서 절망으로 겹겹이 에워싸였던 교회는 6개월 만에 처음으로 지역에 복음을 전했고, 7월 그달은 은행이자도 제대로(?) 내게 되었다. 나에게 가장 강렬했던 것은 기도였다. 교회는 기도가 없을 때 죽어간다. 한 민족도 한 가정도 마찬가지이다. 절망의 새벽기도회에 수십 명의 젊은이가 드리는 기도로 교회는 생기를 찾았다. 하나님은 죽어가는 교회를 살리시기 위해 전혀 생각지도 않았던 전도팀을 한 주간 보내주셨던 것이다. 그들이 기도의 심폐소생술로 우리 교회를 살렸다고 나는 믿는다.

소위 목회의 대가(?)들은 공통적으로 빼놓지 않고 기도를 강조한다. 흔한 이야기, 뻔한 이야기라고 생각하겠지만 여기에 목회의 진수가 있다. 우리 주님도 사도들에게 기도할 것을 여러 차례 당부하셨고, 또 예수님은 자신의 생애를 통해 기도의 모범을 보여주셨다. 앞에서도 말했듯이 교회가 문을 닫는다는 것은 기도 없이 죽어가고 있다는 뜻이다. 우리 교회가 그랬다. 아무도 없는 새벽기도회에 혼자서 몸부림치며 엘리야의 절규를 올려드릴 때 우리 교회를 살리시기 위해 하나님께서 전도팀을 보내셨다고 믿는다.

그들이 오자 새벽과 저녁에 그 작은 상가 개척교회당은 기도의 사람들로 가득 찼다. 교회가 기도하지 못하니까 하나님께서 그들을 보내셨다고 생각한다. 기도가 살아나야 한다. 나는 지금도 가능한 한 새벽기도회를 직접 인도한다. 특히 봄과 가을에 각각 40일간 기도회를 연다. 기도회를 통해 은혜를 끼친다기보다는 인도하는 나 자신이 먼저 기도로 세워질 수 있다는 사실을 명심하며 언제나 이 원칙을 깨지 않고 있다. 40일씩 기도에 집중한다는 것은 참 귀한 일이다. 사도행전을 보면 사도들이 구제의 일에 빠졌을 때 말씀과 기도의 사역에 문제가 생겼다. 결국 사도들은 집사들에게 이 사역을 이양하고 자신은 말씀 전하는 것과 기도하는 일에 전념할 것을 선언한다. 우리는 이 모범을 가볍게 여겨서는 안 된다. 담임목회자가 언제나 예배의 자리, 기도의 자리에 있어야 교회가 안정된다. 전 교회가 기도할 때 복음의 역사가 일어난다.

미생에서 소생으로

　우리는 그렇게 여름을 보냈다. 그리고 그다음 계절에 우리는 하나님의 인애와 긍휼을 만났다. 마치 룻과 나오미가 보리 추수 때 황금물결이 넘실거리는 베들레헴으로 돌아온 것처럼, 끝을 모르던 추락과 절망, 불확실한 미래와 불안은 거짓말처럼 사라졌다. 8월부터 한두 가정씩 등록하기 시작했고 그해 연말에는 30여 명의 성도가 크리스마스를 함께 보내게 되었다. 재정도 회복이 되어 매월 은행이자는 말할 것도 없고 더 이상 돈을 꾸는 일을 걱정하지 않았다. 우리 교회는 그때부터 소위 부흥하기 시작했다. 2000년부터 2001년, 2002년, 2003년, 매년 교세가 성장하고 또 재정도 매년 배로 넘쳐났다. 정말 믿을 수 없는 일이었다. 목회적으로 큰 결단을 하거나, 신묘막측한 목회 프로그램을 도입한 것도 아닌데, 마른 땅에 비가 내려 광야에 백합화가 피어난 것이다. 우리 교회는 미생에서 소생으로 옮겨 왔다. 당회도 조직하고 위임예배도 드렸다. 어엿한 교회로, 늠름하고 싱그러운 교회로 살아났다. 이 일은 단연코 하나님의 은혜라고밖에는 설명할 길이 없다. 그것은 주님의 교회였다. 이 교회를 위해 자신의 핏값을 지불하셨던 교회의 머리이신 주님의 경륜이었다. 어찌 푸른초장교회만 그러할까? 각 시대에, 각 지역의 수많은 교회가 그랬을 것이다. 그분은 자신의 교회를 포기하지 않으신다. 교회는 그분의 것이다.

　종종 푸른초장교회 스토리를 말해야 할 때 사실, 별로 할 말이 없다. 내가 한 것이 없기 때문이다. 특히 2000년의 상황은 응급실로 실려 온 환자와 같았다. 스스로 할 수 있는 것이 아무것도 없었다. 내 삶, 내 사역에 대하여 스스로 무엇인가를 결정할 수도, 어떤 대책이나 대안을 가지고 대처할 수도 없었다. 마냥 지켜볼 수밖에 없었던 시기였다. 예수 그리스도가 교회의 머리라는 원론적인 이해가 아니라 한 지역교회를 살리고 죽이시는 분이 하나님이심을 실존적으로 체험하는 시절이었다. 교회를 위해 피를 흘리시고, 그 핏값으로 교회를 사셨다는 그분의 선언을 머리가 아닌 가슴으로 이해하는 순간이었다.

첫 선교사 파송

교회가 조금씩 성장하면서 마음속에는 선교에 대한 목마름이 점점 강렬해졌다. 나 자신이 과거에 선교사 지망생이기도 했지만, 제자반을 통해 성경을 함께 읽고, 연구하고, 나누는 과정을 통해 자연스럽게 일어난 열망이라고 생각한다. 하지만 우리 교회는 현실적으로 선교사를 파송할 만한 형편이 못되었다.

그러다가 2003년 4월에 우리는 첫 선교사(아시아 X국, 강충성, 주신실)를 파송할 수 있었다. 당시 담임목사의 생활비로 50만 원을 지급하던 시절에 월 300만 원으로 단독 선교사를 파송한 것이다. 70명 정도가 모일 때였다. 지금 생각해보면 복잡하게 계산하지 않은 순수한 결정이었다. 규모는 작고 재정형편도 좋지 못했지만 우리 교회는 공격적으로 선교했다. 2002년에는 단기 선교사(아시아 X국, 장현진)를 파송했고, 이어서 5명의 단기 선교사(김지영, 김현애, 정선임, 배윤영, 이정란)를 지속적으로 파송했다. 모두가 우리 교회 출신 대학생들이었다. 당시 나는 젊은 이들이 세계를 향해 복음을 들고 나가려고 하는데 교회가 이들을 지원할 수 없다면 그것은 수치스러운 일이라고 생각했다. 이것은 재정과는 관계가 없었다. 복음과 부르심 앞에서 파송과 후원의 의무를 다하는 것이 교회의 '영예'라고 생각했다.

우리 교회는 제자훈련과 더불어 선교를 통해 성장한 교회다. 선교는 주님으로부터 부여받은 지상명령이다. 이것이 교회가 존재하는 이유이다. 그러므로 교회가 세워진 목적에 따라 선교의 사명을 다할 때 교회는 가장 교회다워지고 또 성장한다. 교세가 미약하고 재정이 열악한 상황에서도 교회는 선교의 열망으로 불타올라야 한다. 선교지에 양말 몇 켤레를 보내더라도, 선교사들에게 엽서 몇 장을 보내더라도 선교를 위해 에너지를 모아야 한다. 특히 제자훈련을 하면 선교는 자연스럽게 따라온다. 왜냐하면 성경이 선교를 가리키고 있기 때문이다. 함께 모여 성경을 연구하고 성경에서 하나님의 뜻을 찾고 자신들에게 적용하려고 하는데 어떻게 선교가 일어나지 않겠는가?

초창기의 어려움에서 벗어나면서 우리 교회는 선교를 위해 몸부림쳤다. 좀 과하다 싶을 정도로 선교에 헌신했다. 이것은 건강한 제자훈련을 하는 교회에 나타나는 보편적인 현상이다.

정상적이고 건강한 제자훈련의 결과로 가정은 건강해지고, 교회는 선교와 구제에 힘을 기울이게 된다.

가을의 전설

교회 역사에서 2003년 가을은 잊을 수 없는 '전설'이 되었다. 2003년 첫 단독 선교사를 파송하던 해 가을, 교회에는 이해하기 어려운 현상이 일어나기 시작했다. 사람들이 몰려오기 시작한 것이다.

교회는 60평 아파트 상가를 분양받은 2000년도에 참 힘든 시간을 보냈다. 그러다가 그해 여름 이후에 서서히 성장하면서 30명이 함께 첫 크리스마스를 보냈고, 2003년에 첫 선교사를 파송하고 나서 그해 가을이 시작되었을 때는 앉을 자리가 부족했다. 주일에 늦게 오면 자리가 없어서 상가 복도에 보조의자를 놓았다. 60평 본당과 복도가 사람들로 꽉 찬 것이다. 당시 우리는 특별한 프로그램을 시작한 것도 아니었고, 외적인 변화도 없었다. 그런데 사람들이 감당할 수 없을 정도로 모여들었다. 우리는 이 가을에 일어난 기이한 일을 '가을의 전설'이라고 불렀다.

결국 예배 처소를 확장해야만 했다. 옆에 있던 미술학원을 매입해 교육관으로 만들었고, 여기에는 '어린이 도서관'을 넣었다. 첫 예배당이 '에스라홀'이었고, 교육관은 '디모데홀'이라고 불렀다. 이어서 2004년 부활절에는 다시 120평을 얻어 '고센홀'이라 부르며 총 240평을 사용하게 되었다. 불과 4년 전만 해도 다음 주일 주보를 찍어야 할지 말아야 할지 불투명했던 교회에 일어난 '기적'이었다.

예수님은 어린이의 도시락을 가지고 광야에서 5천 명을 먹이셨다. 다섯 덩어리의 떡을 나누어 주었는데 모든 무리가 배불리 먹었다. '떡의 증가', 즉 복음에는 생명력이 있다. 누룩이 가루 서 말을 부풀게 하고, 겨자씨가 새들이 와서 쉬는 나무로 성장하는 것이다. 교회가 말씀을 붙들고 성령께서 이끄시는 대로 나아가면 자연스러운 성장이 일어난다.

포도나무에 붙어 있는 가지는 열매를 맺는다. 2003년 가을에 나는 깊은 교훈을 얻고 목회의 방향을 정할 수 있었다.

누구나 '기적'을 바라고, '전설'이 되기를 원한다. 그러나 '교회 성장학적인 기적'은 재앙이 될 수도 있다. 인위적인 교회 성장은 부작용을 동반한다. 포도나무에서 포도가 열리는 그런 성장이 필요하다. 정직하고 순전한 제자훈련의 목회 현장에서 일어나는 일상적인 기적 말이다.

10주년 기념교회를 세우다

교회는 지속적으로 성장했고, 어느덧 10주년(1996-2006)을 앞두고 있었다. 나는 마음에 부담이 있었다. 다 죽어가던 교회가 살아나고, 절뚝거리던 교회가 달릴 수 있게 되었는데 '입을 싹 닦고' 그냥 지나갈 수 없었던 것이다. 한량없는 은혜를 주신 주님을 기쁘시게 해드리기 위해 무엇이라도 해야만 했다. 공교 롭게도 2005년 여름휴가 때 안동에서 교통사고를 당해 하룻밤을 안동에 머물면서 이곳이 우리나라에서 복음화율이 가장 낮은 도시 가운데 하나라는 사실을 알게 되었다. 복음을 받아들인 사람이 2.5퍼센트에 불과한 선교지였던 것이다.

교회는 안동에 교회설립 10주년 기념교회를 세우기로 결정했다. 재정이 준비되어서가 아니었다. 오히려 7억가량의 부채가 있었다. 안동에 교회를 세우려면 힘든 결단을 해야만 했다. 모든 성도가 일 년간 십의 이조, 십의 삼조를 건축헌금으로 드리기로 했다. 실로 놀라운 일이 아닐 수 없었다. 최성호 목사를 안동에 파송할 목회자로 결정하고 안동시 정하동에 땅을 매입하였다. 안동의 강남인 정하동 지역의 법원 근처 도로에 인접한 좋은 땅이었다. 특히 설계를 맡았던 건축설계사무소(창시건축, 대표 이시홍 장로)에서는 개척교회가 개척교회를 세운다고 무료로 건축설계와 감리를 맡아주셨다.

우리 교회가 예배당 없는 서러움을 겪어보았기에 새롭게 세우는 교회는 처음부터 제대로 된 예배당을 지어서 개척하기로 했다. 본 교회는 상가에 있으면서 개척하는 교회는 건축을 한다는 것은 결코 쉬운 결정이 아니다. 이것이 제자훈련하는 교회가 가지는 저력이다. 모든 성도가 기꺼이 참여했고 마침내

모든 성도가 한마음으로 세운 10주년 기념 안동제자교회
(경북 안동시 정하동)

'안동제자교회'가 세워졌다.

우리는 남안동 IC를 수없이 통과했고, 교회의 역량을 다 모아서 10주년 교회를 세우는 데 집중했다. 그리고 더 놀라운 일이 우리를 기다리고 있다는 사실을 그 뜨거웠던 여름, 안동제자교회 입당예배 때까지만 해도 몰랐다. 바로 그해에 우리 교회도 예배당을 짓기 시작한 것이다.

당시 본 교회는 상가에 있으면서 건축을 해서 개척했다는 사실이 알려져서 많은 분의 격려를 받았다. 생각해보면 우리 교회는 정말 건강했다. 이것저것 따지고 현실적인 계산을 했더라면 꿈도 꿀 수 없는 일이었다. 그러나 교회가 본질을 붙들고 있었기 때문에 가능했다. 교회는 진리의 타워요 센터다딤전 3:15. 또 제자란 부활의 증인이자 선한 사업에 부요해야 한다딤전 6:18. 바로 이것이 제자훈련의 당연하고 자연스러운 선택이다. 나도 놀랐고, 교우들도 놀랐다. 우리가 이런 일을 해냈다는 사실이 믿어지지 않았다. 그러나 돌아보면 이것은 마중물과도 같은 것이었다. 우리는 안동에 세운 교회의 열 배 규모인 예배당을 얻게 되었기 때문이다.

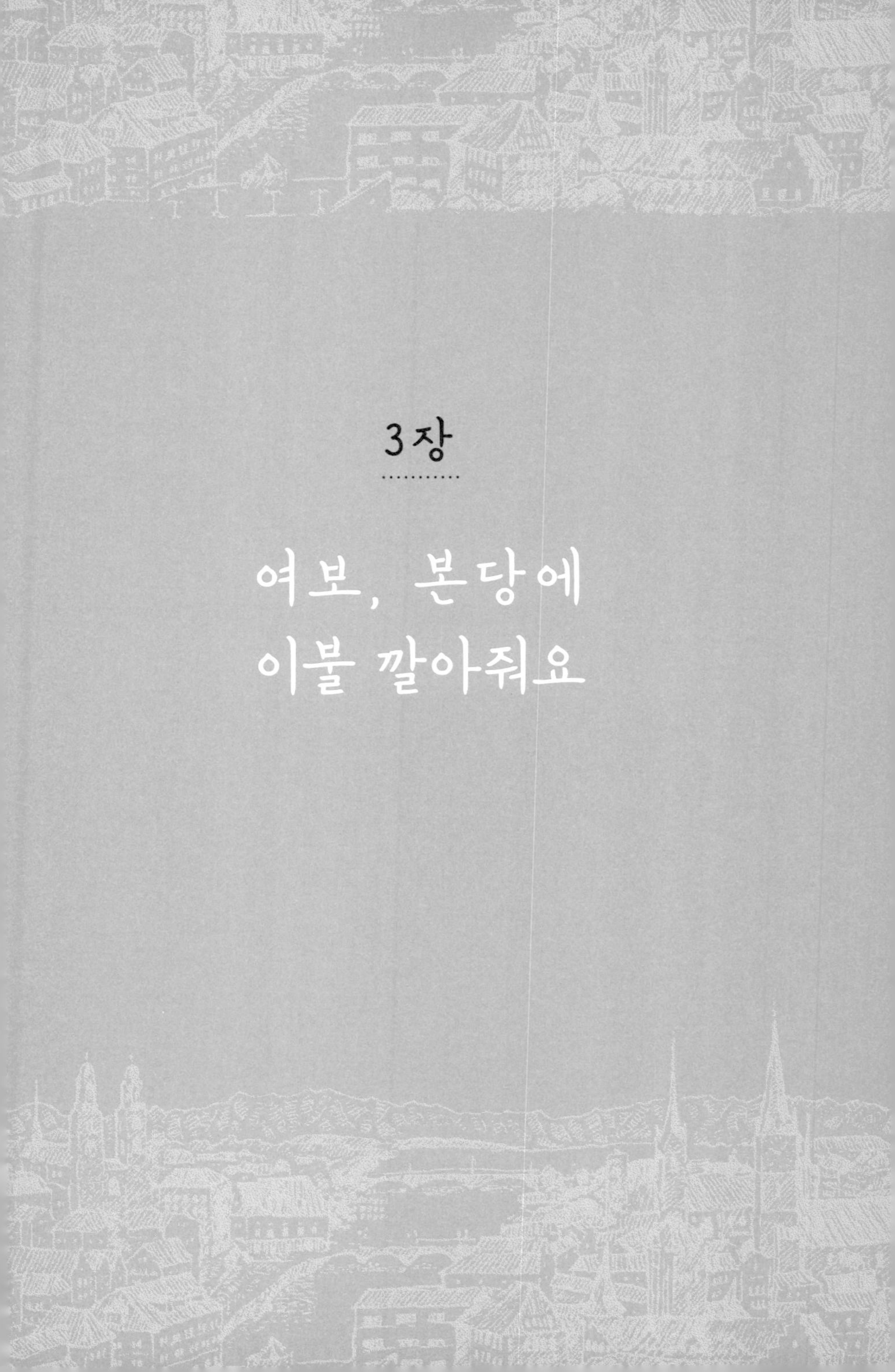

3장

여보, 본당에
이불 깔아줘요

내 힘으로 아무것도 할 수 없을 때 포기해야 하는 것은 아니다. 오히려 할 수 있는 한 가지가 있다. 그것은 그저 하나님을 바라보는 것이다. 하나님 앞에서 철저히 무능력해지는 것이다. 무엇인가를 스스로 할 수 있다고 생각하는 것이 불신앙이며 그 상태에서 하는 행동은 불순종이 될 수밖에 없다. 교회는 희생과 헌신 위에 세워진다. 주님도 자신의 피를 흘려 교회를 세우셨다. 지역교회도 그냥 세워지고 그냥 서는 것 같지만, 보이지 않는 숭고한 희생과 헌신 덕분에 가능한 일이다. 우리 교회도 그랬다. 아름다운 기둥이 있었다.

　교회가 설립 10주년 기념교회를 안동에 세운 것은 우리 교회 예배당을 짓는 일이 현실적으로 불가능하다는 생각 때문이었다. 대구를 동서로 가로지르는 10차선의 대동대서로가 지나는 길이어서 땅값이 개척교회가 예배당을 신축할 상황과는 거리가 멀었다. 그리고 개척 초기 너무 힘들었던 상황에서 벗어난 것만으로도 만족하였기에 다음을 준비하시는 하나님의 계획을 감히 앞서 계획할 수 없었다. 당시로서는 평생을 상가교회에서 섬기더라도 유감이 없었다. 실로 10주년 기념교회 개척도 너무 힘에 버거운 일이었다. 그런데 안동제자교회 입당을 마치고 나자 교회 주위에 있던 궁산자락에 무당집이 급매물로 나왔다.

　정조 시대 당시 대구와 달성, 칠곡 등의 명문가 유생이 뜻을 모아 이락서당을 세웠다. 서당 옆에는 이 마을 강창의 제실과 당산나무가 있었는데 오랜 수령의 백송으로 신비감을 지닌 나무였다고 한다. 그런데 어느 날 이 나무가 고사하고 마을도 재개발이 되면서 아파트가 들어섰다. 아파트 부지에 편입되어야 할 동네 제실과 당산나무는 서당과 함께 남았고, 그 가운데 무당집이 급매물로 나온 것이었다. 무당은 암에 걸렸고 죽기 전에 집을 처분해 결혼하는 딸에게 주려고 했다. 지금은 소천하신 안수 집사님 한 분이 이 지역 출신이어서 마을 내력을 잘 알았고, 무당집과 동네 제실 그리고 당산나무, 또 서당 땅을 모두 사들여 예배당을 지으면 좋겠다고 말했다. 당시로서는 너무도 비현실적으로 들렸다. 그러나 교회는 그해 공동의회에서 만일 부지를 매입할 수 있다면 이 우상의 땅에 하나님을 예배하는 예배당을 건축할 것을 결의했다. 그리고 정확히 2년 후에 입당할 수 있었다.

교회가 개척 초기의 어려움을 딛고 이제 막 일어섰고 또 힘이 부치도록 10주년 기념교회를 건축했는데 바로 이어서 예배당을 신축한다는 것은 여러모로 무모하고 지나침이 있었다. 그것도 무당집과 제실, 서당 땅을 매입하는 일은 쉽지도 않고 내키지 않는 일이었다. 이 일로 많은 기도를 했다. 자칫 겨우 일어선 교회가 무너질 수도 있었고, 목회에 거듭 무리수를 두는 일이어서 하나님의 분명한 메시지가 없으면 시작해서는 안 될 일이었다.

두 가지를 놓고 기도했다. 첫째는 예배당을 짓는 것은 분명

하나님이 기뻐하시는 일이지만, '꼭 지금 해야만 하느냐' 하는 부분이었다. 비록 산전수전을 다 겪었지만 하나님의 은혜가 있었기에 목회에 만족감은 높았다. 그러나 10년 후에도 계속 상가에 있는 것이 가능할까는 의문이었다. 상가교회가 지금은 몸에 맞지만, 10년 후에도 그럴지는 확신이 없었다. 교회에 식당과 부엌이 없어서 상가 화장실 한쪽에서 설거지를 했고, 주일학교 아이들은 상가 계단에 앉아서 공과공부를 했다. 또 지속적으로 교회가 성장하고 있었기 때문에 언젠가는 건축을 검토할 수밖에 없는 상황이었다. 단지 시기의 문제였다. 실제로 우리가 매입하려는 땅은 이 지역에 남아 있는 마지막 땅이었다.

둘째는 '이 일을 꼭 내가 해야만 하는가'에 대한 것이었다. 성전 건축은 다윗에게도 허락되지 않았던 일이었다. 예배당이 성전은 아니지만 그래도 이 일이 세속적인 일이 아님은 분명하다. 그러므로 하나님의 개입 없이 이 일이 이루어지지는 않을 것이다. 나는 하나님의 허락을 받아야 했다. "지금 해야 합니까? 제가 해야 합니까?" 기도는 이 두 가지였다. 일단은 부지 매입이 관건이었고, 당시로서는 거의 불가능해 보였다. 나는 전진하기로 했다. 어차피 내 능력 밖의 일이었으므로 하나님의 개입 없이는 불가능했다. 2006년 연말 공동의회에서 교회 건축을 결의하고 건축위원회를 조직했다. 그리고 가장 먼저 부지 매입절차에 들어갔다. 그러나 우리는 내일 일어날 일을 모르고 있었다.

목회는 상황을 따르는 것이 아니라 가치를 따르는 것이다. 돌다리도 두드려보고 때가 아니면 건너서는 안 된다. 목회는 유행이 아니다. 그러므로 시류에 휩쓸려서도 안 된다. 그러나 많은 목회자가 조급증을 가지고 있다. 그래서 새로운 것을 도입하고 변화시키고 갱신하기를 원한다. 그러나 변화되고 갱신되어야 할 것은 우리 안에 있는 죄성이다. 조직과 프로그램을 바꾸면 교회가 바뀐다는 생각은 착각이다. 그러므로 목회자는 어떤 의미에서 원칙주의자가 되어야 한다.

나에게 본 교회 예배당 건축은 두려운 일이었다. 사실 성도들에게 설명할 자신도 없었다. 소위 명분이 없었다. 정작 나 자신도 그렇게 생각해본 적이 없기 때문이었다. 개척해서 여기까지 온 것만도 꿈만 같았다. 예배당 건축은 꿈에도 생각하지 않았다. 그러나 하나님은 종종 우리를 뜻하지 않은 상황 속으로 몰아넣으신다. 그때 상황에 따라 움직일 것이 아니라 가치, 즉 목회철학을 생각해야 한다. 교회란 무엇인가? 교회란 왜 존재하는가? 모든 일은 이 가치에 따라 결정되어야 한다. 물론 하나님의 뜻 안에 있어야 하고 하나님의 허락이 있어야 한다. 이 지점에서 목회자는 언제나 고독하다. 결국 최종적인 결단은 담임목사의 몫이기 때문이다. 그 순간 담임목사는 진정한 지도자가 되어야 한다. 가벼워서는 안 된다. 상황으로부터 도망쳐서도 안 된다. 그런 중대한 결정을 내리면서 진정한 지도자로 세워지는 것이다.

불같은 시험

　종종 선배 목사님들에게서 교회 건축을 하면 불같은 시험이 있다는 이야기를 듣곤 했다. 공동의회에서 건축이 결정되고 건축위원회는 부지 매입 작업에 들어갔는데 이 일은 총괄 총무를 맡았던 안수 집사님이 진행했다. 부지는 전체 750평가량인데 무당집, 일반 민가 3가구, 제실, 당산나무, 서당 땅이 포함되었다. 제실과 당산나무는 서당 소유였고, 서당은 9개의 문중으로 이루어져 있고, 이락서당 이사회와 임원회가 조직되어 있었다. 일단 개인 소유의 땅들을 조건부로 매입계약을 하고 최종적으로 서당 땅을 매입하면 건축에 돌입하기로 했다.

　부지 매입 작업이 시작되고 한 달 정도 지났을 때 믿을 수 없는 일이 일어났다. 불철주야 부지 매입을 위해 뛰어다니던 집사님이 갑자기 돌아가신 것이다. 그야말로 돌연사였다. 새벽 기도회를 마칠 즈음 다급한 연락이 와서 응급실에 가보니 이미 집사님의 몸은 식어 있었다. 돌아가시기 전날 밤에도 통화를 하며 부지 매입 상황을 설명해주셨는데 다음날 새벽에 그렇게 되신 것이다. 믿을 수 없었다. 소천하신 집사님은 당시 우리 교회에서 신망이 높았고, 또 교회 건축에 가장 열성적이셨다. 당시 많은 성도가 건축에 확신을 갖지 못하고 있었지만 집사님은 누구보다 확신 있게 중추적인 역할을 감당하셨다. 건축위원회 총괄 총무를 맡아 총대를 메셨다. 그랬던 분이 갑자기 돌아가신 것이다. 교회는 충격에 휩싸였다. 건축이 시작된 지 한 달 동안 부지 매입 관련하여 단 한 건의 계약도 진행하지 못한 상황에서 그야말로 불같은 시험이 몰아쳐왔다. 사람들은 할 수 있는 모든 말을 쏟아냈다. "젊은 목사의 야심 때문에 집사 한 명이 죽었다"느니 "무당집, 동네 제실, 당산나무를 건드려서 사람이 죽었다"느니 하는 말들이었다. 정말 견디기 힘든 시험이 시작되었다.

그러나 교회는 큰 시험을 견디어 냈다. 어떤 의미에서 건축을 앞두고 교회의 건강을 검증하는 시험을 통과한 것이었다_{계 2:2-3}. 장례식이 끝나고 돌아가신 집사님의 수첩을 건네받았는데 그곳에는 부지 매입과 관련된 내용이 잘 정리되어 있었다. 그 수첩을 통해 집사님이 얼마나 예배당 건축을 사모하며 준비했는지를 알 수 있었다. 감히 누가 그 자리를 대신하여 책임을 지려 하겠는가 생각했는데, 안수 집사님 한 분이 대신해서 기꺼이 총괄 총무를 맡아주셨다. 자신도 생명을 달라시면 드리겠다는 각오였다.

목회 현장은 때로는 전쟁터와도 같다. 그 전쟁터에서 승부를 가르는 것은 거룩함에 있다. 그러므로 목회자는 인기나 인정을 추구하기보다 거룩함을 추구해야 한다. 이 싸움에서 지면 목회는 끝나는 것이다. 교회 건축과도 같은 목회의 큰일 앞에서 공동체 전체는 반드시 거룩함의 시험을 통과해야 한다. 이것은 사람이 평가하는 것이 아니라, 중심을 보시는 하나님이 하신다. 우리는 수없이 많은 문제를 만나지만 언제나 정답을 알 수는 없다. 정답을 알아내려고 하기보다 정도를 걸으려고 해야 한다. 공동체에 시험과 위기가 닥치면 평소에는 보이지 않던 힘이 발휘되기도 하고, 생각지도 못한 결함이 드러나기도 한다. 예배당 건축을 시작하면서 만난 이 엄청난 시험문제를 풀 수 있는 능력이 내겐 없었다. 두렵기도 했다. 그러나 내 힘으로 아무것도 할 수 없을 때 포기해야 하는 것은 아니다. 오히려 할 수 있는 한 가지가 있다. 그것은 그저 하나님을 바라보는 것이다. 하나님 앞에서 철저히 무능력해지는 것이다. 무엇인가를 스스로 할 수 있다고 생각하는 것이 불신앙이며 그 상태에서 하는 행동은 불순종이 될 수밖에 없다. 교회는 희생과 헌신 위에 세워진다. 주님도 자신의 피를 흘려 교회를 세우셨다. 지역 교회도 그냥 세워지고 그냥 서는 것 같지만, 보이지 않는 숭고한 희생과 헌신 덕분에 가능한 일이다. 우리 교회도 그랬다. 아름다운 기둥이 있었다.

아름다운 기둥

교회 건축 이야기가 나오면서 성도들의 태도는 대부분 미온적이었다. 심지어 나 자신도 그랬다. 거듭되는 미션을 수행하는 일이 힘겹게 느껴졌다. 그러나 교회의 장래를 생각할 때 건축은 우리가 한번은 지고 가야 할 십자가임에 틀림없었다. 건축에 대한 의향을 성도들에게 물으면 대개는 "하기는 해야 안 되겠습니꺼”라고 대답했다. 이 말은 해석이 참 어렵다. 매우 중립적이기 때문이다. 그런데 유독 돌아가신 집사님 만큼은 단호하게 확신했다. “목사님, 건축에 100퍼센트가 찬성할 수는 없습니다. 누군가가 앞에서 십자가를 지고 가야 합니다.” 가장 적극적으로 건축을 찬성하고 또 기꺼이 총대를 메겠다는 사람은 그분이 유일했던 것으로 기억한다. 개척 초기부터 함께했던 많은 분이 나에게 진정 어린 충고를 많이 했다. 바로 건축을 재고해보라는 것이었다. 그것은 매우 따뜻하고 중심에 사랑이 있는 충고였다. 나는 그들의 말도 결코 틀리지 않았다고 생각한다.

결국 하나님은 가장 아름다운 헌신을 가져가셨다. 앞장서시던 집사님이 돌아가신 후 누군가가 그 자리를 대신해야 했을 때 또 다른 헌신자가 나타났다. 그리고 그 집사님은 총괄 총무를 맡아 끝까지 충성했다. 집사님은 건축헌금을 드리고 차를 두고 지하철과 도보로 출퇴근을 했다. 그리고 매일 새벽기도회에 올라와 기도의 자리를 지켰다. 건축 도중에 본사에서 올라와 근무하라고 회사 대표가 세 번이나 내려와서 권고했지만 모두 거절했다. 자신에게는 더할 수 없는 좋은 기회였지만, 건축을 위해 자신의 생명을 드리겠다고 다짐하셨기에 건축을 마치기 전에는 몸을 움직일 수 없었던 것이다. 그분은 이 이야기를 건축이 끝나고 입당하던 날 나에게 했다. 잠잠하게 오직 충성하는 일에만 집중했던 것이다. 건축과 입당이 모두 끝나고 장로를 선출하는 공동의회에서 그 집사님은 전원 찬성표를 받아

장로로 선출되었다.

　모든 집에 기둥이 있듯이 교회에도 기둥이 있다. 특히 예수님은 이 충성스러운 성전 기둥에 당신의 이름을 새기겠노라고 하셨다_{계 3:12}. 살아 있는 나무는 결코 집의 기둥이 될 수 없다. 기둥은 죽은 나무로 만든다_{갈 2:20}. 자기 자신이 살아 있으면 거목은 될 수 있지만 기둥은 될 수 없다. 기둥은 한번 정한 그 자리에 변함없이 서 있는다. 기둥은 흔들기 위해 있는 것이 아니라 지키고, 버티고, 붙들기 위해 있는 것이다. 기둥이라고 하면서 교회를 흔드는 사람들이 있다. 그 사람은 결코 기둥이 아니다. 목회자들은 '기둥 같은 일꾼'이라는 말을 자주 사용한다. 하지만 기둥 같은 일꾼은 흔하지 않다. 결국 기독교 신앙은 죽음으로서 사는 신앙이다. 살아서는 아무것도 할 수 없다. 진짜는 죽는 것이다.

"젊은 목사를 믿고 땅 문서를 주는 겁니다"

　예배당을 지어 보아야 비로소 진짜 목사라고 말하는 사람들이 있다. 나는 4번의 예배당 건축을 통해 이 말에 일정 부분 동의하게 되었다. 특히 본 교회 예배당을 건축하는 과정에서 많은 것을 경험했다. 가장 크게 깨달은 것은 건축은 하나님이 하신다는 것이다. 목회도 그렇다. 내가 하는 것이 아니라 하나님이 하신다. 나는 단지 도구에 불과하고 머슴에 불과하다. 우리 교회 예배당 건축은 건축보다 부지 매입이 더 힘들었다. 안동 제자교회를 건축하고 난 뒤여서 재정도 여의치 않았지만 무엇보다 예배당 건축을 하면서 무당집, 서당 땅, 동네 제실, 당산나무가 있는 땅을 매입하는 일이 참 어려웠다. 아마 이런 사례는 거의 없을 것이다. 특히 9개 문중으로 이루어진 서당 땅을 매입하는 과정은 실상 기적에 가까웠다. 문중에서는 교회에는 땅을 팔 수 없다고 잘라서 말했다.

그 후 나는 문중 어른들을 찾아가서 일일이 인사를 했다. 그럴 때마다 개인적으로는 허락했지만, 막상 문중회의에서는 분위기가 좋지 않아 매번 부결이 되었다. 결국 교회가 건축을 하면 그 조건으로 학사나 도서관을 건축하는 것으로 그 땅을 살 수 있었다. 그런데 계약금을 치르고 중도금, 잔금을 치를 여력이 없었다. 교회는 이미 힘에 넘치도록 헌신했고, 더 이상 힘을 내기는 어려웠다.

결국 부지 매입은 물론 건축 자체를 포기해야 할 상황에 처했다. 이런 사정을 전해 들은 문중에서는 땅 문서를 줄 테니 먼저 교회 앞으로 등기를 이전하고 땅을 담보로 잔금을 갚으라고 했다. 등기 이전을 대행한 법무사는 평생 법무사로 있으면서 이런 일은 처음 경험한다고 말했다. 문중 대표들은 "젊은 목사를 믿고 땅 문서를 주는 겁니다"라고 말했다. 이 일은 지금 생각해도 믿어지지 않는다.

무당집을 사는 데도 사연이 있었다. 그 집은 두 형제의 공동

 단단한 교회

기적적으로 건축한 푸른초장교회 예배당
（대구시 달서구 달구벌대로）

예배당 2층에 위치한 공공도서관

소유로 되어 있었다. 그런데 형은 팔려고 하지 않았고, 동생은 팔려고 했다. 결국 동생 명의로 된 부분만을 매입했다. 그러다 보니 집의 중간이 잘려 나가게 되어, 벽을 남기고 나머지 집을 철거할 때 고도의 숙련된 포크레인 기사가 나서야 했다. 집을 철거하는 과정에서 그가 무당이었다는 것을 알게 되었다. 그의 집 안방은 점집이었고, 미신적인 물건이 온 집에 가득했다. 무당으로 살아온 그는 암에 걸려 죽음을 앞두고 있었고, 딸을 결혼시키기 위해 돈이 필요했던 것이다.

부지 매입을 완료하고 건축에 들어가기까지 또 하나의 난관이 기다리고 있었다. 문중으로부터 미리 받은 땅 문서로 등기 이전을 마치고 그 땅을 담보로 대출을 했는데, 그 땅이 녹지여서 평가금액이 너무 적게 나온 것이다. 이 금액으로는 잔금을 치르는 데 7천만 원이 부족했다.

하나님이 앞서가신다

부지 매입 과정의 마지막 고비였다. 나는 '이게 마지막이구나' 생각했다. 극심한 낙담이 찾아오고 의욕이 완전히 꺾여 버렸다. 물론 교회는 7천만 원을 구하기 위해 정말 애를 썼다. 그러나 더 이상은 힘들었다. 나는 새벽마다 울며 기도했다. "하나님, 7천만 원이 없어 하나님의 사업이 무너지게 되었습니다." 지금까지 어렵게 진행되어 온 모든 일이 마지막 단계에서 멈추어 서 버렸으니 울지 않을 수가 없었다. 150여 명 출석하던 교회가 부지 매입과 건축에 50억 이상 들어가는 일을 한다는 자체가 애초에 불가능한 일이었다. 그러나 수백 년간 우상을 섬기던 땅에 하나님을 예배하는 예배당이 들어선다는 것만 바라보며 달려온 길이었다.

내 옷을 다 팔아
땅 한 평을 살 수 있다면 좋겠습니다
이 젊은 놈의 열정도 돈으로 쳐준다면
오늘 조금의 주저도 없이 드리리다
내 서재의 책들이 벽돌로 바뀐다면
당신의 몸을 쌓는 일에 바치리다.

고통스럽게 물들어가는 저녁
홀로 힘겹게 강을 건너는 새
맥없이 휩쓸려가는 낙엽들.

오늘 이 작은 가슴은 터져 버려서
기도는 파열음이 되고
이 작은 몸은

제단의 퍼덕이는 관제가 되고

오늘 저녁 제단에

부디 이 작은 소년을 가납하소서.

문중은 교회와 젊은 목사를 믿고 땅문서를 선뜻 내주었으나 교회는 잔금 7천만 원을 마련할 수 없었다. 대출을 담당한 은행에서 계속 연락이 왔다. "목사님, 모자라는 7천만 원 준비됐습니까?" 교회와 목사를 믿었던 문중 어른들에게 고개를 들 수가 없었다. 또한 하나님의 명성이 땅에 떨어지게 되었다. 담당자에게서 또 연락이 왔다. "목사님, 잔금 준비되었습니까?" 그는 교회와 문중의 사연을 이미 알고 있었기 때문에 더 안타까워했다. 그리고 마침내 잔금일이 되었다. 이제 수치와 능욕만이 기다리고 있었다.

새벽기도를 마치고 집에 오는데 담당자에게서 연락이 왔다. "목사님, 문중 분들 오시기 전에 조금 일찍 은행에 오시기 바랍니다." 서둘러 은행에 갔더니 그는 너무도 놀라운 말을 했다. "목사님, 제가 7천만 원을 교회에 빌려드리겠습니다. 그런데 저에게 소중한 돈이기 때문에 꼭 돌려주셔야 합니다."

순간 나는 머리털이 쭈뼛 서는 것을 느꼈다. 나는 기껏해야 어떻게 위약금을 물고, 수수료를 어떻게 하느냐를 의논하는 줄 알았다. 그는 다른 교회에 출석하는 성도였고, 우리 교회 대출을 담당하면서 그동안의 진행 과정을 어느 정도 알고 있다고 생각했지만, 하나님께서 이분의 헌신을 사용하시리라고는 전혀 짐작할 수 없었다. 마침내 은행 문이 열리고 문중 임원들이 들어왔다. 그들에게 잔금을 치르고 서로 인사를 나누었다. 이로서 일 년을 끌어 온 부지 매입은 종료되었다. 모든 것이 기적이라고 할 수밖에 없었다.

교회 건축을 통해서 많은 것을 배웠다. 교회는 그리스도께서 피로 사신 것이며, 그분의 소유된 백성의 공동체다. 일의 계획은 사람이 할 수 있지만 이루는 것은 하나님께 달렸다. 인간은 유한하고 또 방법을 찾아 헤매지만 하나님께는 방법이 없는 일이 없다. 그분에게 불가능이란 없다. 우리 생각대로라면 교회 건축은 벌써 중단되고 끝났을 것이다. 그러나 위기마다 계속하여 하나님이 개입하셨다. 하나님의 영원 예정과 섭리를 받아들이지 않는 것은 계몽주의적 신앙이다. 나는 교회 건축을 통해 더 자라났다. 건물만 지어진 것이 아니라 지도자로서의 면모도 어느 정도 갖추게 되었다.

나는 예배당 건축을 하며 교회가 하나님의 것이라는 사실을 알게 되었다. 그분이 하시는 것이다. 아브라함이 25년 만에 얻은 자녀를 그분께 드리는 생의 여정에서 하나님의 성품을 배워 나갔듯이, 이스라엘이 출애굽 하기 전에 열 재앙을 거치며 하나님을 알아갔듯이 목회자 역시 이론이 아닌 실존의 하나님을 알아간다.

"여보, 본당에 이불 깔아줘요"

나는 부지 매입에서 교회 건축까지 2년이라는 전 과정에 참여하면서 예배당 건축이 그냥 이루어지는 것이 아님을 깨달았다. 또 설계도와 시방서를 보는 것부터 세금 관계와 인허가 관계에 대해서도 많이 배우게 되었다. 어렵게 부지 매입을 끝낸 교회는 다행히 지역 은행의 도움을 받아 건축 비용 전체를 대출받을 수 있었다. 공사를 마치기까지 부지 매입에 1년, 건축에 1년이 소요되었다.

매일 공사 현장에서 하루를 보내고 지친 몸으로 돌아왔다. 하루는 얼마나 피곤했는지 저녁에 집에 와서 밥을 먹는 중에 깜박깜박 졸았다. 보다 못한 아내가 한마디 했다. "여보, 그렇게 졸리면 들어가서 주무세요." 나는 "여보, 그럼 본당에 이불 깔아줘요"라고 대답했다. 나도 모르게 튀어나온 말이었다.

교회 건축이 확정되자 나는 지내던 아파트를 팔아서 전부 건축헌금으로 드렸다. 그리고 아이 셋과 함께 방 두 칸짜리 집으로 옮겼다. 문을 열면 교회 공사 현장이 보이는 연립주택이었다. 교회는 막대한 대출 이자를 지불하고 있었다. 그리고 건축이 마무리되면서 음향, 영상, 조명, 장의자와 각종 집기를 들여야 했다.

이런 과정에서 교회는 전기세도 제때 낼 수 없을 정도로 재정이 쪼들렸다. 결국 교회 건축을 맡았던 건설회사(평안건설)에서 1억을 교회에 빌려주었다. 교회가 성장하면 갚으라면서 도와준 것이다. 공사 막바지가 될수록 재정은 너무도 어려워 입당을 할 수 없을 정도였다. 그때 지금은 은퇴하신 장로님 가정에서 입당을 위해 1억을 헌금하셨다. 그 헌신이 없었다면 우리는 건축을 마치고도 정작 돈이 없어 입당을 하지 못했을 것이다. 그 헌금으로 십자가를 세우고, 간판과 강대상, 장의자를 들여놓았다. 그리고 마침내 2008년 12월 20일, 우리는 꿈에도 그리던 입당예배를 드렸다.

건물에 수십 개의 창문과 기둥, 수백, 수천 개의 철근이 들어가듯이, 교회가 세워지고 예배당이 건축되고 전도와 선교가 이루어지는 과정에는 수십, 수백 번의 이름 없는 헌신이 들어간다.

그날 눈이 내렸다

토요일 입당을 마치고 첫 주일을 새 예배당에서 맞게 되었다. 얼마나 설레었는지 모른다. 첫 주일 새벽예배를 마치고 나오는데 눈이 내리고 있었다. 그 눈은 주일예배를 마칠 때까지 계속하여 내렸다. 나는 건축을 위해 애쓰셨던, 돌아가신 집사님 생각이 많이 났다. 우리가 함께했더라면 얼마나 좋았을까? 집사님도 하늘나라에서 아름다운 예배당이 입당하는 모습을 보았으리라 생각한다.

교회 설립 20주년 기념 예배 설교

설립 20주년 기념식 때 중직자들과 함께

그날 눈이 내렸다

그날 눈이 내렸다
아침 일찍 눈이 내렸다.

그날 눈이 내렸다
십이월 이십일일 눈이 내렸다.

그를 떠나보내고 이 년이 흘렀다
어떻게 살아왔는지
방향도 없이 휘갈기는 눈발처럼
인생도 내일도 기약이 없었다.

그날 눈이 내렸다
궁산으로
금호강으로 강창교로
눈이 내렸다.

그도 하늘에서 보았으리라
그분의 집이
오층짜리 그분의 뾰족집이 올라가는 것을
매일매일 하늘에서 보았으리라.

눈이 내리는데

나 혼자서

그 눈을 맞아본다

함께 맞았으면 더 좋았을 그 눈을.

그도 눈을 맞았으리라

눈을 맞으며 보았으리라

가슴이 터져 멎어버릴 것 같은 첫 주일에

성전 계단을 오르며 그도 눈을 맞았으리라.

그날 눈이 내렸다

기드온의 양털보다 더 하얀 눈이 내렸다.

그날 눈이 내렸다

아침 일찍 눈이 내렸다.

나는 지금도 한 번씩 예배당을 바라보곤 한다. 그런 나를 보고 아이들은 "아빠 또 교회 보고 있다"라고 말했다. 교회 맞은편 아파트 11층 사택에서는 교회가 잘 보인다. 지금도 한 번씩 눈이 날리거나 소나기가 심하게 내릴 때면 물끄러미 예배당을 바라본다. 그리고 지나온 시간과 하나님의 은혜를 생각한다. 지금도 정말 믿어지지 않는다.

사장님 나빠요

　　교회 건축 과정에서 많은 분의 숨은 헌신과 희생이 있었다. 무엇보다 그 시절 힘든 개척교회를 섬기며 동역했던 교역자들을 잊을 수 없다. 당시 우리 교회에 네 분의 전도사가 있었는데 정말 열악한 환경에서 말할 수 없는 고생을 했다. 그런데 교회에서 그분들의 신학대학원 등록금을 제때 지급하지 못했다. 하루는 차를 몰고 가는 중에 라디오를 듣게 되었는데 이런 사연이 흘러나오고 있었다. 이른바 '사장님 나빠요'였다. 어느 작은 회사에 다니는 분이 몇 달째 임금이 체불되었는데 사장과 가족은 고급차를 타고 다니면서도 사원들 봉급은 제때 주지 않는다는 사연이었다. 이 사연을 듣는데 마음이 불편했다. 당시에 나는 어떤 분의 헌신으로 새 차를 타고 있었다. 교회를 개척하고서 12년간 승합차를 몰고 다니는 모습을 가까이에서 지켜보시던 타 교회 교인이 사주신 차였다. 전도사들 등록금을 지불하지 못하고 있는데 담임목사는 새 차를 타고 있다는 사실이 견디기 힘들었다. 당회에 말씀드리고 차를 팔았다. 새 차였기 때문에 금액이 많이 나왔고, 네 분 전도사님의 밀린 등록금을 모두 해결할 수 있었다.

　　목회자로서 또 지금은 모교에서 제자들에게 강의하면서 부끄러운 목사, 부끄러운 스승이 되지 말아야겠다는 마음의 부담이 있다. 선배들이 두려운 것이 아니라 뒤에서 보고 배우며 따라오는 후배들이 훨씬 더 두렵고, 어린 자식들이 더 두렵다. '제자들과 청년들, 자녀들이 후일에 나를 어떻게 평가할까?' 그래서 늘 조심스럽고 한번 더 생각하게 된다. 그래도 돌이켜 보면 교회 개척의 가장 힘겨웠던 순간을 함께했던 교역자들에 대한 미안한 마음이 떠나지 않는다. 아무런 계산 없이 함께 교회건설을 위해 고군분투했던 에델바이스 같은 후배 동역자들에게 고마운 마음뿐이다.

사역의 뒤안길

예배당 건축은 교회의 모습을 많이 바꾸어놓았다. 일단 지난 10년간의 등록 인원보다 1년간의 등록 인원이 더 많았다. 우리 교회는 12년간 상가에 있으면서 금요기도회와 주일 오후 예배를 드리지 못했다. 그러나 새롭게 예배당을 건축하면서 금요기도회가 시작되었다. 금요기도회의 이름은 '홀리 파이어'Holy Fire였다. 새로운 예배당에서 드리는 예배에 대한 기대감이 컸다. 자매 두 명이 호주 힐송으로 예배 음악 유학을 떠났다. 금요기도회는 홀리 파이브Holy Five라는 이야기도 들어가면서 조금씩 발전했다. 젊은이들의 헌신과 사랑을 잊을 수 없다.

강창교 십차선 건널목에

덕수궁 돌담길에만 남아 있다던 그 전설의 찔레꽃연가

강창교 십차선 건널목에 눈발이 흩날리고

금요일 밤 열한 시 오분

키 큰 지미가 총총걸음으로 건널 때 현정이가 소리치고 눈 큰

광일이도 뛰어간다.

모든 것이 세월을 따라 변해가지만

정겨운 강창교 십차선 건널목 친구들

금요일 밤 열한 시 오분

가슴에 신호등보다 더 붉게 타오르던 불 Fire 을 안고 건너간다.

오월의 꽃향기 흩날리던 호산팍 Park 과

궁산의 진달래

그리고 눈덮인 조그만 예배당

잊지 마라

우리는 그 시절을

화전민으로 살아왔다.

교회를 개척하면서 교회 사랑에는 연령이 없다는 것을 느꼈다. 교회 사랑에는 직분도 연조도 없었다. 수많은 젊은이가 교회를 사랑해서 울며 헌신하고, 결혼을 해서도 계속 남아 자녀를 낳고 집사가 되어 섬겼다. 하나님에 대한 사랑과 교회 사랑, 형제자매에 대한 사랑이 어떻게 구분될 수 있겠는가? 몇 년 전

제자반 MT에서 장래 희망과 비전을 이야기하는 자리에서 한 집사님은 "푸른초장교회의 집사로 남고 싶다"라는 고백을 했다. 이것은 나의 20년 목회 여정에서 들었던 가장 아름다운 고백이었다. 장년의 헌신이 성숙한 헌신이라면 청년의 헌신은 순전하다. 교회는 성도들의 집이다. 어떤 교회의 표어와도 같이 어쩌면 친정이요 고향이다. 그리스도인의 삶과 신앙의 여정에서 교회 공동체를 빼고서 무슨 이야기를 할 수 있겠는가? 특히 제자훈련은 복음과 교회를 더 뜨겁게 사랑하게 한다. 왜냐하면 제자훈련은 건강한 교회론의 기초 위에 서 있기 때문이다.

20주년 기념교회를 세우다

종종 국도변을 달리다 보면 '장기침하도로'라는 알림판이 있다. 급히 도로를 닦으면 지반이 약해서 도로가 침하하는 것이다. 그러면서 다져지다가 마침내 견고한 도로가 된다. 그것은 10년에서 20년간 우리 교회의 모습을 보여주는 단어였다. 교회 설립 10주년을 맞으면서 안동제자교회를 개척하고 2007년에 부지 매입, 2008년 예배당 건축을 마치고 20주년을 맞기까지 우리 교회가 그랬다. 사람들은 들쑥날쑥했다. 건축으로 인한 부채로 힘겨웠고, 리더십도 안정되지 못했다. 이 기간에 나는 뒤늦게 학문의 길로 들어섰다. 총신대학교 일반대학원에서 역사신학으로 신학석사_{Th.M.} ("칼빈의 소유의 개념과 경건사상")와 철학박사 Ph.D.("제네바목사회 회의록 1541-1564 을 통해 본 칼뱅의 신학과 사상 고찰")를 마쳤다. 9년간 매주 월요일에 새벽기도를 마치고 KTX 첫차를 타고 총신대학교 사당동 캠퍼스를 오르내렸다. 석사과정은 예배당 건축과 맞물려 몸과 마음이 가장 힘들었던 시기였다. 그러나 박사과정을 하면서는 즐거운 마음과 진지함으로 학문을 대할 수 있었다.

그리고 어느덧 20주년이 다가오고 있었다. 20주년을 3년 앞두고 '20주년 준비위원회'를 발족했다. 그리고 교회 설립 20주년 기념교회를 제주에 세우기로 하고 가시리교회가 그 대상이 되었다. 가시리교회는 이미 20년의 역사가 있었지만 제주 지역에서 가장 낙후된 교회였다. 예배당은 감귤창고마냥 작고 오래되었다. 가시리교회를 건축하기 위한 과정도 결코 순탄하지 않았다. 10주년 안동제자교회 때처럼 20주년 교회를 세울 만한 상황은 되지 못했다. 우리는 먼저 '동전 저금통 드리기'부터 시작했다. 선교헌신 예배 때마다 각자 모아온 저금통을 드렸다. 선교바자회를 열고 대학부는 매년 제주 아웃리치를 다녀왔다. 참으로 시작은 미약했지만 마침내 가시리교회 건축이 구체화되었다. 제주에 파송할 목회자도 청빙하고 또 장로님 가정한 곳에서 큰 금액의 건축헌금을 드렸다. 제주노회와 시찰회, 본 교회 당회가 가시리교회 건축을 위한 MOU를 체결하고 십명선 목사 가정을 제주로 파송했다. 그리고 마침내 너무도 아름다운 예배당이 건축되었다. 동시에 또 다른 장로님 가정에서

총신대학교 일반대학원 박사학위 수여식

동전 저금통 드리기로 시작해서 지어진 20주년 기념 제주가시리교회

헌금을 드려 네팔 렐레교회에도 예배당을 건축할 수 있었다. 20주년을 맞아 안동제자교회는 당회를 조직하고 신지환 목사를 위임했다. 재산권도 안동제자교회로 이전되었다. 제주 가시리교회와 네팔 렐레교회 입당예배까지 마쳤다.

　20주년을 맞으면서, 가시리교회와 네팔 렐레교회를 건축하면서 또다시 '교회는 예수 그리스도께서 피로 값 주고 사신 것이며 목회는 하나님에게 달려 있다'는 사실을 깨달았다. 눈앞의 현실이 비전을 결정하는 것이 아니라 교회를 세우신 하나님 나라의 목적이 비전을 결정해야 한다는 것이다. 하나님은 여전히 앞서가시고 모든 것을 준비해놓고 계신다. 그리고 순종하는 공동체를 들어서 사용하신다. 현실에 주눅 들지 말고 상황에 갇히지 말아야 한다. 이런 위축은 상상력을 가로막고 영적 정서를 메마르게 한다. 그 결과 독수리는 창공을 잊게 되고 전사는 용맹을 잊게 된다.

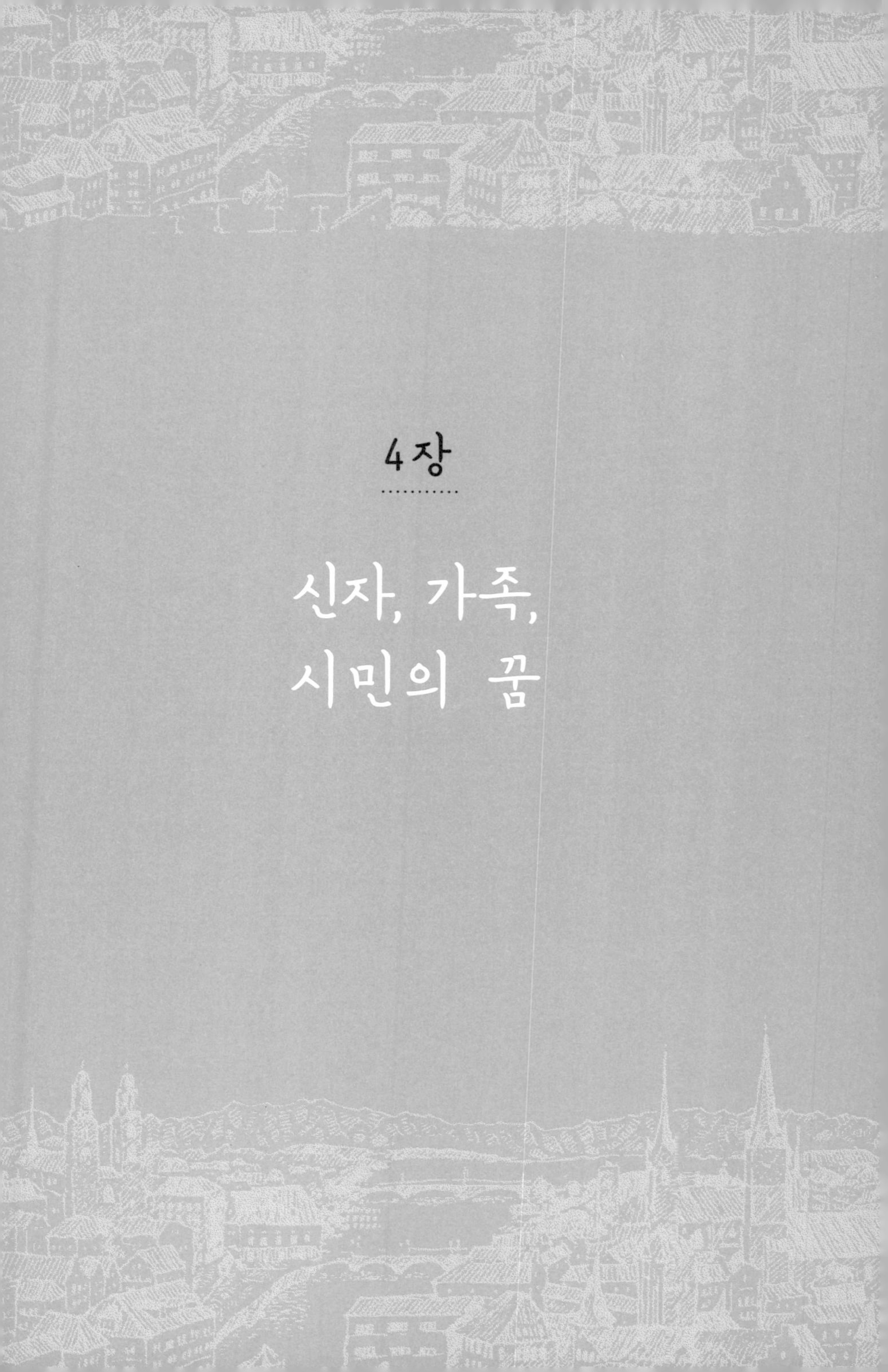

4장

신자, 가족, 시민의 꿈

목사여! 당신은 이미 아름답다. 그리고 당신의 존재와 생애가 존귀하다. 당신이 지하
예배당 강단에 서든지, 수천수만 명의 회중 앞에 서든지 당신은 목사일 뿐이다. 그 부
르심의 감격을 간직하고 당신을 충성되다 여겨 불러 사용하시는 전능자의 경륜을 신
뢰하며 하루하루를 목사로 살아가면 된다.

나의 목회는 제자훈련을 빼놓고는 설명할 길이 없다. 제자훈련 외에 다른 생각을 해본 적도 없고 다른 길을 걸어본 적도 없다. 목회에 문제가 있다면 제자훈련 때문일 것이고, 목회에 선한 것이 있다면 그것도 제자훈련에 있을 것이다.

나는 제자훈련 초기부터 전인적 제자훈련을 강조했다. 모두가 공감하겠지만 제자훈련은 성경공부가 아니다. 제자훈련은 목회철학에 가깝다. 방법론이 아니라 철학이다. 이런 생각이 개척 초기부터 반영되었다. 이것은 옳고 그름의 차원을 떠나 푸른초장교회만의 특징을 형성해왔다. 전인적 제자훈련은 모든 제자훈련 목회자가 공감하는 부분이다. 나는 열 가지 영역에서 훈련생들의 신앙 성장을 돕고자 했다. 먼저 첫 번째 세 가지 요소, 즉 영적 성장, 지적 성장, 인격적 성장은 신앙의 기초에 해당한다. 그다음 신앙의 준비로는 윤리적 성장, 정서적 성장, 의

지적 성장, 관계적 성장, 이렇게 네 가지가 있다. 마지막 세 가지 요소로 경제적 성장, 문화적 성장, 사회적 성장이 있는데 이는 신앙의 열매이다.

첫째, 영적 성장

제자훈련은 신앙훈련이다. 그러므로 제자훈련의 출발점은 신앙에 있다. 신앙이 없다면 그것이 교육이든지, 양육이든지, 훈련이든지 이미 우리가 가치 있게 여기는 범위를 벗어난 것이다. 다소 어설프고 세련미가 없다 할지라도 신앙이 그 바탕에 있어야 한다. 제자훈련 인도자는 훈련을 시작하면서 먼저 신앙을 점검해야 한다. 처음부터 분명하게 드러날 수도 있고, 차츰 아름답고 깊게 신앙이 드러나는 훈련생도 있을 것이다. 신앙은 하나님과 그 아들 예수 그리스도를 아는 것이며, 그 신앙 고백이 피상적이지 않고 일상에서 언제나 증명되어야 한다. 우리가 훈련생을 영적으로 성장하게 하려는 것은 히말라야의 고봉처럼 천상에 도달하게 하려는 것이 아니다. 하나님에게 필요한 사람은 자신이 선 땅에 충실하면서 하늘을 바라보는 자이다. 그러나 그런 신앙을 인도자가 줄 수는 없다. 다만 바른 진단과 조언 그리고 격려와 인도는 가능하다. 의외로 건강하지 못한 신앙을 가진 채 수십 년을 지내온 사람이 많다. 비난보다는 안타까움과 사랑으로 그들을 도와주어야 한다. 어떤 훈련생은 무척 은혜로운 신앙 언어를 사용하지만 내면에는 신앙이 전혀 없는 종교인인 경우도 있고, 영적 우월주의, 신비주의, 이단 전력, 이원론, 반교권주의에 빠진 경우도 있다.

먼저 바른 신앙 고백이 있어야 하고, 그 고백이 단지 선언에 그치지 않고 교회와 가정, 사회에서 그 고백을 따라 진리와 신앙 가치를 위해 기꺼이 희생할 수 있어야 한다. 또 자신의 삶에 일어나는 일들을 신앙의 측면에서 이해하고 그 해결책도 신앙의 가르침 안에서 찾아야 한다. 이런 영적인 면이 더 견고하고 성숙해지도록 돕는 것이 제자훈련의 목표이다. 나아가서 교회를 섬기는 리더이자 보냄 받은 사명자로 서도록 하려면 독특하고, 특별한 신앙보다는 보편적인 신앙을 지니도록 도와야 한다.

그렇다면 신앙의 성장, 영적인 성숙은 어떻게 나타나는가? 더 신비해지는 것이 아니라 더 평범해지는 것이다. 혼자에서 함께로, 경쟁에서 협력으로, 개인에서 팀으로 달라지는 것이다. 기꺼이 함께 짐을 지며, 함께 걷고, 함께 먹으며, 함께 수고하는 것이다. 또한 자연스러워지는 것이다. 기도 생활에서 그리고 봉사와 사역에서 억지나 부담이 아니라 기쁨과 자원함이 생겨나는 것이다. 신앙의 보편적 가치를 지키기 위해 세상적인 것을 포기하며 공동체와 사명을 위해 자신의 우선순위를 양보하는 것이다.

둘째, 지적 성장

신앙의 성장에서 영적 성장이 먼저인가, 지적 성장이 먼저

인가 하는 논의는 의미가 없다. 이 두 가지는 별도로 성장할 수 없고, 함께 조화를 이루며 균형 있게 성장해야 하기 때문이다. 지적 성장은 하나님을 아는 지식과 인간을 아는 지식으로 이루어지며 성경에 그 정초를 두어야 한다. 성경만이 유일하게 신앙의 성장에 효력이 있기 때문이다.

인도자는 먼저 훈련생이 그동안의 신앙 여정에서 성경을 어떻게 읽어 왔고, 성경이 그의 삶에 구체적으로 어떤 영향을 미쳤는지를 살펴야 한다. 뿐만 아니라 그동안 어떤 훈련을 받았는지 신앙 이력을 살필 필요가 있다. 가령 특정 선교단체의 훈련을 받았거나, 특정 목회자나 신학자에게 깊은 영향을 받은 경우가 있다. 우리말에 책 한 권만 읽은 사람이 가장 무섭다는 말이 있는데, 이것은 돌아서게 하기 어려운 독선이나 맹신을 갖게 하기 때문이다. 하나의 사상이나 교리가 사람을 노예 상태로 만들어 다른 사유를 불가능하게 하고 급기야 자신이 그러한 형편에 처해 있는지조차 분간할 수 없게 한다. 인도자나 훈련생의 인내가 없다면 지적 성장은 시작조차 할 수 없는 영역이다. 그러므로 인도자는 이 부분을 가볍게 다루고 지나가고 싶은 유혹을 물리쳐야 한다. 인도자는 훈련생이 하나님의 말씀을 사랑하도록 함께 읽고 나누고 설명해야 한다.

또한 인도자는 성경과 아울러 신앙 서적과 표준 문서들을 함께 다루어 말씀을 이해하고 적용하는 근육을 단련시켜야 한다. 훈련생이 지적 성장에 눈을 뜨게 되면 그는 진리와 함께 기뻐하며_{고전 13:6}, 말씀 묵상을 즐거움으로 삼고_{시 1:2}, 성경을 상고하며_{행 17:11}, 성경대로 사는 인생을 선택한다_{시 119:1}. 이렇게 성경을 참으로 맛보게 되면 그는 손에서 성경을 놓지 못하게 되고 성경이 주는 풍성한 삶을 누린다. 이렇게 지적 성장을 이룬 사람은 소망의 이유를 묻는 자들에게 그 대답할 것을 겸손함으로 준비할 수 있게 된다. 결코 독선적이지 않고 '겸손'한 태도를 지닌 지성적인 사람이 되는 것이다. 이것은 그가 변증적 신자가 되었음을 의미한다.

셋째, 인격적 성장

영적 성장과 지적 성장이 구체적으로 삶에 적용될 때 인격적 성장이 나타난다. 그러나 영적 성장, 지적 성장이 인격적 성장을 담보하지는 않는다. 피상적인 신앙인은 삶의 현장으로 신앙을 가져오는 일에 성실하지 않기 때문이다. 이런 태도라면 수년에 걸친 훈련도 무익하다. 그래서 제자훈련에는 특별히 '생활 숙제'라는 것이 있다. 인격은 언어와 태도, 생활, 대인관계 등을 통해 구체적으로 드러나는데 이것은 자신을 십자가에 못 박는 자기부정 없이는 불가능하다. 자신의 혈기와 자존심이 살아 있는 한 참된 신자의 인격을 갖추기란 요원하기 때문이다. 그리스도인의 인격적 성장은 자기 부정과 함께 성령과 동행하는 삶을 살 때 비로소 가능하다. 그러므로 인격적 성장을 위해서는 반드시 성령의 역사가 필요하다. 이렇게 인격적 성장에

도달한 사람에게서는 향기가 난다. 성숙한 신앙인의 인격적 면모는 참으로 매력적이다.

넷째, 윤리적 성장

예수 그리스도와 함께 걷기 시작한 사람은 자신의 행동과 언어에서 이전 삶과는 구별되는 고상한 생활양식을 갖추어 삶의 품격을 높이고자 하는 열망을 품는다. 이전에 가졌던 세속적인 가치들의 덧없음을 알고 새로운 가치관과 우선순위를 받아들였기 때문이다. 그는 저속한 언어를 버리고, 세속적인 옷 입기와 모든 육욕과 결별할 것이다. 자연스럽게 밝고, 거룩하고, 고상한 것을 선택할 것이다. 이런 열망과 결단은 그의 윤리적 수준을 전체적으로 끌어올리는 결과를 가져온다. 습관적인 거짓말, 관행적으로 짓던 죄들, 심지어 아무도 보는 사람이 없더라도 신전 의식을 지니고 자신을 더럽히지 않기 위해 몸부림치는 것이다. 뿐만 아니라, 자신이 사용하는 언어조차 거룩함으로 옷 입히려고 단어 하나, 표현 하나 선택하는 데 신중을 기한다.

다섯째, 정서적 성장

제자훈련을 20년 이상 하면서 가장 마음이 가는 항목이다. 진리와 함께하는 자에게는 '기쁨'이 있고, 성령과 함께하는 자에게는 '희락'이 있다. 그리고 예수님과 함께하는 자에게는 '온유'와 '평안'이 있다. 그러나 대개 많은 그리스도인의 얼굴은 일

사택에서 갖는 제자반 첫 모임

반인과 다를 바 없거나 심지어 더 어둡다. 이것은 나에게 항상 숙제였고, 안타까움이었다. 물론 예수님을 영접해도 하루아침에 상처가 치유되지는 않는다. 그리고 성장 과정과 유년기를 어떻게 보냈느냐에 따라 정서의 차이도 크다. 그러나 제자훈련이 전인적이라면, 그냥 모른 척 넘어가기엔 이 부분은 매우 중요하다. 아무리 귀납법적으로 소그룹을 이끌어도 인도자의 얼굴이 어두워서야 진리가 빛을 낼 수 있겠는가? 항상 느끼는 것이지만 밝은 웃음과 미소 그리고 경쾌한 목소리와 대화는 생명의 공동체에만 있는 특징이다. 그러나 막상 정서적 성장을 위해 구체적으로 뭔가를 하려고 하면 막연하다. 그래도 인도자가 이 항목에 관심을 가져야 한다. 성경만 가르치고, 암송만 하면 끝이라고 생각한다면 이런 소중한 부분이 살아날 수 없다. 나는 봄이면 여제자반과 봄나물을 캐고, 남제자반과는 밤낚시도 간다. 뮤지컬도 보고 영화도 본다. 물론 그런다고 정서가 함양되느냐고 물으면 할 말이 없다. 하지만 분명한 것은 이런 작은 노력으로 표정은 밝아진다.

여섯째, 의지적 성장

의지적 성장이란 실천력을 말한다. 많은 경우 '기분이 내키지 않아요'라고 하거나 '마음은 원인데 육신이 약해요'라고 말한다. D형 QT의 적용은 공수표이다. 늘 작심삼일이다. 이런 경우 신앙은 전진하지 못하고 답보 상태이거나 퇴보한다. 그래서 의지적 성장은 인도자가 세심한 관심을 기울여 체크해야 한다. 인도자는 매주 숙제와 생활 숙제를 좀 심하다 싶을 정도로 꼼꼼히 점검하고 격려해주어야 한다. 경건 생활도 의지적 결단이 없으면 흐지부지된다. 신앙에는 지적, 정서적, 의지적 요소가 있다. 이 의지적 요소를 잘 사용해야 앞으로 나아갈 수 있고, 악과 싸우며, 삶을 바꾸어놓는 일도 가능하다. 그래야 소비를 줄여 저축을 하고, 주초를 단절하고, 나태와 방종, 무절제한 생활을 청산할 수 있다.

일곱째, 관계적 성장

전인적 성장에서 영적, 지적, 인격적 성장이 기초라면 윤리적, 정서적, 의지적, 관계적 성장은 전인적 성장을 위한 준비라고 할 수 있다. 마치 집을 완성하기 위한 네 개의 기둥과 같은 것이다. 윤리적, 정서적, 의지적 성장이 자기 자신을 준비시키는 것이라면 관계적 성장은 다른 사람과 팀을 이루기 위한 준비이다. 의외로 많은 신자가 개인 신앙은 훌륭하지만 다른 사람과의 관계는 비틀어져 있다. 교회에서나 가정, 사회에서도 마찬가지이다. 가서 제자 삼아야 하고, 빛과 소금의 사명을 감당하는 데 이것은 치명적인 핸디캡이 된다. 인도자는 이 부분을 주목하고 훈련생을 세심하게 살펴야 한다. 아무리 숙제를 완벽하게 해오고 개인 경건의 생활이 훌륭해도 다른 사람과 갈등을 겪고, 공동체에서 불협화음을 일으킨다면 바로잡아주어야 한다. 훈련 과정에서 바로잡지 못하면 교회에서 직분과 직책을 맡아 문제를 일으킬 수 있다. 나는 일 년간 제자훈련이나 사역 훈련을 받는 동안 몇 가지 미션을 주어 함께 수행하게 하면서 그 과정에서 다른 사람과 협력하고 팀을 이루어 사역하는 것을 훈련하게 한다. 이때 도출되는 갈등을 긍정적으로 보고 갈등을 해소하는 방법을 배울 수 있다.

여덟째, 문화적 성장

이렇게 기초를 놓고 준비를 마치면 신앙이 전인적 성장의 열매를 맺는데, 그 가운데 하나가 문화적 성장이다. 문화적 성장이란 개인의 라이프 스타일이 바뀌는 것을 의미한다. 그 사람의 가정, 의식주, 대인관계, 직장생활이 바뀌는 것이다. 형제 자매와 이웃을 대접하는 것에서부터 의식주와 옷차림, 심지어 걸음걸이에서조차 새로움과 신선함을 느낄 수 있다. 마치 성령을 받았던 초대교회가 개인과 공동체의 삶에서 놀라운 변화를 경험했던 것과 같다. 복음이 일상에서 일으킨 변화이다. 밝고 건강한 문화, 타자에 대한 배려와 따뜻한 문화, 나눔과 섬김이 있는 문화, 그리스도인다운 향기와 교양이 넘쳐나는 문화를 이루는 주체가 된다. 부부는 서로를 존대하며, 자녀들을 인격적으로 대하고, 이웃을 향한 그리스도인의 사랑과 관심이 자연스럽게 베어난다. 이런 사람이라면 더 함께 대화하고 싶고, 이런 가정이라면 얼마든지 초대받고 싶다. 이런 사람이 다니는 교회에 함께 다니고 싶다.

아홉째, 경제적 성장

문화적 성장이 개인과 가정을 중심으로 이루어지는 것이라면 경제적 성장과 사회적 성장은 그 영향이 교회와 사회를 향해 확장되는 것이다. 경제적 성장은 한마디로 자신의 경제적 가치를 타자를 위해 사용하는 것이다. 성경적인 경제 성장의 모델은 오병이어다. "다 배불리 먹고 열두 광주리를 거둔다"가 되어야 한다. 나 혼자서 배불리 먹는 것은 하늘의 축복이 아니다. 겨우 사는 것이다. 비참한 삶이다. 그러나 자신의 노동을 통해 주어진 경제적 기회를 자신을 위해서만 사용하지 않고 타자를 위해 사용하면 경제적 성장에 도달할 수 있다.

열째, 사회적 성장

마지막으로 사회적 성장은 자신의 현장, 자신의 분야에서 존경받는 인물, 선한 영향력을 지닌 사람이 되는 것이다. 교회에서 직분을 받는 것이 제자훈련의 최종목표가 되어서는 안 된다. 직분은 목표가 아닌 수단이며, 은사에 불과하다. 자신이 일하는 분야에서 인정받기 위해 노력해야 한다. 회사에 꼭 필요한 사람이 되기 위해 노력해야 한다. 그리고 그 현장에서 불신자들에게 인정받아야 하고 나아가서 존경을 받기까지 분투해야 한다. 교사라면 교육자들의 세계에서 '걸어 다니는 페스탈로

치'가 되어야 하고, 기술자라면 '존경받는 엔지니어'가 되어야 한다. 가정에서 집안에서 존경받는 가족 구성원이 되어야 한다. 사위와 며느리의 역할을 다하고 조카들에게 존경을 받는 삼촌과 고모가 되어야 한다. 이것은 '직업 소명설'과도 연결이 된다. 일하는 것이 노동으로 끝나면 우리는 그저 호모 라보란스_{Homo laborans}(노동하는 인간)일 뿐이다. 그러나 일을 소명의 차원에서 이해하면 우리는 하나님 나라 현장에서 사역하는 것이며 일은 사명이 된다.

제자훈련이 전인적이어야 한다는 것에 반대할 사람은 아무도 없다. 그러나 주위에서 전인적 신앙을 지닌 그리스도인을 찾기란 쉽지 않다. 전인적 성장을 위해서는 이에 관한 열망이 인도자와 훈련생 모두에게 있어야 한다. 모든 부모는 자기 자녀가 균형을 갖춘 젊은이로 성장하기를 원한다. 그러나 간혹 제자훈련을 외치면서도 평신도를 교회 조직을 지탱하기 위한 하부구조쯤으로 이해하거나, 제자훈련을 교회 성장을 위한 프로그램으로 도입하기도 한다. 이런 모습은 예수 그리스도와 아무런 상관도 없고, 교회의 규모를 좀 더 키우려는 지도자의 꿈일 뿐이다.

신자, 가족, 시민의 꿈

푸른초장교회는 설립 20주년을 맞으면서 2017년에서 2026

년까지 10년간 사용할 표어를 "신자Christian, 가족Family, 시민Citizen"엡 2:19으로 정했다. 여기에는 지나온 20년에 대한 성찰과 앞으로 달려갈 미래를 향한 소망이 담겨 있다.

이것은 제자훈련 2.0의 선언이기도 하다. 푸른초장교회는 지난 20년간 제자훈련만으로 달려왔다. 교회의 역사가 곧 제자훈련의 역사이다. 1세대 제자훈련은 평신도 지도자를 양성하는 것으로, 구체적으로는 소그룹 지도자인 순장을 양성하는 데 초점이 맞추어져 있었다. 그러나 "가서 제자삼으라"고 하신 제자도의 영토를 교회 공동체에만 국한하는 것은 제자훈련 목회철학을 너무 협의적으로만 적용한 것으로 볼 수 있다. 그러므로 하나님 나라의 차원에서 이해하는 제자훈련은 버전 2.0이라 불릴 만하다. 제자훈련 2.0에서는 교회를 넘어 세상으로 나아간다. "너희는 세상의 빛과 소금"이라고 하신 말씀을 받아들이는 것이다. 또 하나님의 뜻이 '땅'에서도 이루어지는 차원이다. 이것은 한국교회의 고질적인 이원론을 넘어서는 것이요, 복음의 생명력, 운동력, 영향력이 예배당 울타리를 넘어 세상으로 뻗어나가는 것이며, 마침내는 물이 바다를 덮음과 같이 세상에 충만해지는 것이다.

이제 복음은 교회와 가정과 사회에서도 '기쁜 소식'이어야 한다. 그러므로 이제 제자도는 교회 공동체는 말할 것도 없고 신자의 삶에서 가장 기초가 되는 가정과 빛과 소금의 역할을 감당해야 할 사회에까지 확장할 필요가 있다. 이에 푸른초장

가정예배를 드리기 위해 한자리에 모인 성도 가정

교회는 신앙의 지경을 교회 중심에서 가정과 사회로 확대하고, 신자, 가족, 시민이라는 정체성을 갖도록 했다. 그런 바람에서 표어가 정해졌다. 표어에 걸맞게 교회도 변화를 맞았다. 주일은 "하나님과 함께, 가족과 함께"라는 구호로 주일에 다른 행사를 갖는 것을 금했다. 주일에는 온 가족이 교회에 나와 예배를 드리고 이후에는 함께 시간을 보내며 온 가족이 모여 가정예태를 드리도록 주일의 패턴을 바꾸었다. 또 다섯 번째 주가 있는 달의 한 주일은 주일학교와 찬양대 없이 온 가족이 한자리어 앉아 예배드리는 '세대통합주일'로 지킨다. 이런 표어와 함께 가정예배를 드리고 있고 이어서 기독시민학교를 운영하기 위해 준비하고 있다.

아울러 봉사와 사역의 정의를 교회 내의 활동에만 국한하지 않고 가정과 사회에서의 모든 활동도 봉사요 사역으로 인정하고 자신이 처한 현장에서 예수 그리스도의 제자로 살아가는 것으로 제자도의 지평을 확장했다.

푸른초장교회 표어의 역사

1996–2013 "복음에 강한 교회"

2014–2016 "다가가서 안아주는 교회"

2017–2026 "신자, 가족, 시민"

표준 문서를 강론하다

제자훈련의 강점은 신자의 정체성identity이 분명해진다는 데 있다. 바울도 서신의 첫머리에서 언제나 자기 이해에 기반한 자기 진술을 하고 있다. 제자는 먼저 그리스도인Christian identity임을 고백해야 하고, 교인Church identity임을 고백해야 하고 제자disci- ples identity임을 고백해야 한다. 제자훈련은 교단색이 약하다. 그래서 교단에 관계없이 많은 목회자와 교회가 제자훈련을 목회 철학으로 고백하고 채택한다. 장로교인이든, 침례교인이든 교단의 정체성을 명확히 하면서도 동시에 얼마든지 제자로 살아갈 수 있다.

종교개혁 500주년을 3년 앞두고 푸른초장교회는 장로교회로서, 개혁교회로서의 정체성을 분명히 하기 위해 표준 문서 전체를 강론했다. 통상 세례와 임직에서 "웨스트민스터 신앙고백서와 대소요리문답은 성경을 총괄하는 것으로 믿고 신종하겠다"라고 손을 들어 서약하면서도 실제로 가르치고 배우는 경우는 드물기 때문이다. 물론 교리를 3년이나 가르친다는 것은 무모한 일처럼 여겨질 수도 있었다. 그러나 제자훈련은 넓이와 함께 깊이가 필요하다. 그래서 2015년에는 하이델베르크 요리문답과 웨스트민스터 소요리문답을, 2016년에는 웨스트민스터 대요리문답을, 2017년에는 벨직신앙고백서와 웨스트민스터 신앙고백서 그리고 1541년판 칼뱅의 기독교강요 프랑스어 초판을 전 성도가 강독하였다. 특별히 2017년 주일 강단에서 웨스

칼뱅 기독교강요 강해를 마치고(2017년 가을 특별새벽기도)

트민스터 신앙고백서를 강론한 것은 회중 전체가 기독교 정통 신학을 이해하는 데 큰 유익이 되었다고 생각한다.

푸른초장교회는 칼뱅 탄생 500주년에 칼뱅 세미나를 개최하였고, 종교개혁 500주년을 즈음해서는 표준 문서들을 공부하였다. 이어 2017년은 한국 장로교회가 웨스트민스터 신앙고백서를 채택한 지 100년이 되는 해였기에, 주일 강단에서 33장의 신앙고백서 전체를 강론하였다. 또 2018년에는 도르트신경 400주년을 맞아 순장반에서 도르트신경 스터디를 진행하고 있다. 제자훈련의 강점은 교회론에 있다. 이를 위해 표준 문서들을 공부하는 것은 교단에 속한 신자로서 자신의 정체성을 확고하게 한다.

제자훈련과 개척교회

푸른초장교회의 역사는 곧 제자훈련의 역사다. 1996년 6월 신혼집에서 고등학생 두 명과 개척교회를 시작했다. 1999년에 제자반 1기를 시작해서 2018년에는 제자훈련 20기, 사역반 13기를 맞았다. 그러므로 제자훈련을 빼놓고서 푸른초장교회의 역사를 이야기하는 것 자체가 불가능하다. 지금도 곳곳에서 개척교회가 시작되는 것을 보면 마음이 뜨거워진다. 땅끝까지 복음을 전하고 모든 족속을 제자 삼으라고 하신 주님은 지금도 자신의 충성된 종들을 통해서 일하고 계신다. 알토란 같은 젊은 목사들이 교회 개척 사역에 뛰어드는 것을 보면 복음의 능력은 메마른 땅에서도 꽃 한 송이를 피워 올리는 생명력을 지니고 있음을 느낄 수 있다. 교회 개척을 시작하는 목사들의 이야기를 들어보면 수천수만의 사람이 예수 그리스도를 믿게 되는 계기만큼 다양하다. 준비된 개척도 있지만 떠밀려 낭떠러지에서 시작하는 경우도 있다. 활기차기도 하고, 우울하기도 하고, 통제하기 어려운 격정도 있고, 차가운 고독과 고립도 있다. 지금도 개척교회는 곰팡이 냄새 나는 지하상가에서, 가정집에서, 카페와 피아노 학원에서 숨 가쁘게 혹은 아슬아슬하게 복음의 능력을 실험하고 있다.

먼저 개척교회를 시작한 선배(?)로서 무슨 대단한 개척교회론을 펼칠 수는 없지만 동일한 길을 걷고자 하는 동역자들에게 몇 가지 애정 어린 이야기를 하고자 한다.

첫째, 하나님과 그분의 말씀인 성경을 신뢰해야 한다.

사람들의 조언, 개척교회론, 성공담, 세미나와 지침에 너무 매이지 말라는 것이다. 실제로 그런 것들은 개척교회 목회자에게 별로 도움이 되지 못하고 오히려 하나의 미신이 될 가능성이 높다. 목회자에게 가장 큰 위로와 힘은 하나님과 그분의 말씀인 성경이다. 그리고 함께하시는 성령의 위로와 능력이다.

개척교회는 사람이 절실하다. 그래서 자칫 잘못하면 이것이 자충수가 된다. 하지만 사람은 목회의 대상이지, 믿음의 대상이 아니다. 우리가 믿는 것은 하나님과 성경이다. 우리가 의지할 것도 하나님이지 사람이 아니다. 너무 사람에게 매여서는 안 된다. 하나님을 신뢰하면 평안하다. 어떤 어려움이 다가와도 두렵지 않다. 그러나 사람을 의지한 사역자는 늘 두렵다. 사람은 언제 돌아설지 모르고 또 가변적이기 때문이다. 세상에 의지할 수 있는 사람이란 없다. 그러므로 사역자는 철저히 하나님을 신뢰하고 그분께 의뢰해야 한다. 실제로 하나님 한 분이면 족하다. 또 사역자는 성경을 철저히 신뢰해야 한다. 사람을 변화시키고, 세상을 변화시키는 힘은 성경을 통해 성령이 역사하시는 데 있다. 성령과 성경이 분리되면 그때부터 목회는 정상궤도를 벗어나 신비주의나 은사주의, 신사도주의에 빠진다. 또한 기도와 성경도 분리되어서는 안 된다. 말씀에 기초하지 않는 기도는 위험하다 _{잠 28:9}.

둘째, 목회 성공이란 없다.

교회 개척을 시작하는 목회자는 대부분 교회 성장과 소위 목회 성공을 열망한다. 그런 열망 자체를 비난할 수는 없다. 어떤 형태로든지 어떤 동기든지 열망은 필요하기 때문이다. 그러나 위험한 것은 목회 성공에 목을 매는 것이다.

미국 LPGA에서 한국 선수들이 지나치게 성적에 집착하는 것에 대해 다른 선수들이 불편하게 여긴다는 기사를 읽은 적이 있다. 스포츠든지, 예술이든지, 학문이든지, 목회든지 지나친

경쟁의식이 있으면 그 자체의 기쁨을 누리지 못한다.

목사는 이미 충분히 성공한 사람들이다. 목사는 이미 최종적인 목표에 도달한 것이므로 이제는 그 목사로서의 삶을 살아가면 된다. 목사가 되어 목회를 하면서 또 다른 야망을 가지고 그 목표에 도달하기 위해 비상을 꿈꾸고, 성공을 모의한다면 그때부터 목사에게 비극이 시작된다. 목사로 살면 충분하지 않겠는가? 목회 성공이란 것 자체가 없다. 또 성공한 목사나 실패한 목사도 없다. 그런 분류나 개념은 모두 교회 성장학이 만들어낸 신화에 불과하다. 그대, 목사여! 당신은 이미 아름답다. 그리고 당신의 존재와 생애가 존귀하다. 당신이 지하 예배당 강단에 서든지, 수천수만 명의 회중 앞에 서든지 당신은 목사일 뿐이다. 그 부르심의 감격을 간직하고 당신을 충성되다 여겨 불러 사용하시는 전능자의 경륜을 신뢰하며 하루하루를 목사로 살아가면 된다.

셋째, 기본에 충실한 목회를 하라.

목사는 기본이 튼튼해야 한다. 특별히 개척교회 목회자는 더더욱 기본에 충실해야 한다. 처음부터 너무 특성화한 목회로 가기보다는 한 지역교회로서 충실해야 한다. 아이들이 오면 주일학교를 운영하고 장년 신자들을 위해서는 적절한 심방과 양육을 하고 지역의 필요에 따라 전도와 선교 활동을 전개하면 된다.

사역 첫머리에 두어야 하는 것은 예배와 설교이다. 이 둘을 가볍게 여기고 다른 목회 활동으로 무게중심이 옮겨가면 교회의 정체성이 무너지기 시작한다. 목회자가 생각하는 교회론과 회중의 교회 이해가 어느 정도 일치되어야 하는데 목회자의 교회론이 저만치 앞서가 버리면 신자들은 따라오지 못하게 된다. 개척교회 목회자에게는 꿈이 있다. 소위 정말 해보고 싶은 것이 있다. 그러나 목회는 목사의 꿈을 펼치는 장이 아님을 기억해야 한다. 목회는 자신이 해보고 싶은 것을 하는 것이 아니다. 오히려 목사는 하나님의 뜻을 이루기 위해 소환된 종이다. 그러므로 "내가 무엇을 하고 싶습니다"보다는 "주여 내가 무엇을 하오리까?"_{행 22:10} 라고 부르짖어야 한다. 자기 꿈을 펼치고, 자기가 해보고 싶은 것에 눈이 멀면 그것은 목회가 아니라 자아성취라고 불러야 할 것이다. 사역자는 군사로 모집한 자를 기쁘게 하는 자이다_{딤후 2:4}.

넷째, 교회와 사역보다 가정이 더 중요하다.

이것은 많은 목회자가 저지르는 실수이지만 깨달았을 때는 이미 뒤늦은 경우가 많다. 나의 경험에 비추어 보았을 때 최악은 개척교회 목사나 부인이 다른 경제적 활동을 하는 경우이다. 개척교회 목회자 가정이 만나는 첫 번째 어려움은 두말할 것도 없이 경제적 어려움일 텐데 이것을 자연스럽게 받아들여야 한다. 아주 단순하고 최소한으로만 생활하겠다는 각오를 다져야 한다. 경제적 어려움을 해결하려고 나서면서부터 목회의 어려움이 시작된다. 그러므로 개척 초기의 경제적 어려움은 안고 가는 것이 좋다. 물론 가혹한 권면으로 들릴 수 있다. 그러나 나의 경우를 회고해보면 개척교회 목사 가정의 경제적 어려움은 하나님의 몫이다. 왜냐하면 그분이 세우시고 보내셨기 때문이다. 지난 22년의 교회개척 여정은 개인적으로는 정말 힘든 경제적 결핍의 시간이었다. 그러나 나는 교회를 떠나지 않았다. 아내 역시 결혼 직후 낚싯대 공장에 다닌 몇 개월 정도를 제외하고는 나와 함께 교회를 지켰다. 가장 힘들고 어려운 순간에도 부르심의 괘도를 벗어나지 않은 것이다.

개척교회 목사는 가정을 희생시켜서는 안 된다. 목사는 가정을 돌보아야 한다. 아내와 자녀들을 위해 시간을 내야 한다. 그리고 늘 부족하겠지만 가족을 위해 재정을 사용해야 한다. 나는 이런 부분에서 구체적으로 하나님께 기도했다. 사역자는 자신을 소환하신 분에게 이것을 청구할 수 있기 때문이다. 개척교회 목사의 가정이 넉넉할 수는 없다. 그러나 가난한 중에도 여유와 따뜻함이 있는 가정으로 만드는 것은 모두 하나님의 은혜다. 너무도 고단하고 힘들었던 목회의 시간 가운데서도 아이들이 아프지 않고 티 없이 잘 자라준 사실이 얼마나 감사한 일인지 모른다. 개척교회 목사는 늘 죄인이다. 부모님과 집안사람들에게 죄인이고 아내와 아이들에게 죄인이다. 친구들과 동역자들에게도 늘 죄인이다. 사람 노릇, 자식 노릇, 부모 노릇,

남편 노릇, 사위 노릇을 제대로 할 수 없기 때문이다.

한번은 고향에서 동창들이 모였는데 모두가 멋진 차를 몰고 왔다. 내가 봉고차를 몰고 갔을 때 나를 바라보던 친구들의 시선을 잊을 수 없다. 그러나 그것은 결코 굴욕이 아니다. 잘하고 있고, 잘살고 있는 것이다. 그때 무슨 근사한 말을 하지 않아도 된다. 가만히 있어도 된다. 그 순간의 당신이 진짜 목사이기 때문이다. 그게 목사이기 때문이다.

다섯째, 즐겁고 기쁘고 설레는 목회를 하라.

자신이 선 땅이 유배지가 될 것인가 휴양지가 될 것인가는 스스로 결정하는 것이다. 사역이 노동이 될 것인가 소명이 될 것인가 또한 자신이 결정할 수 있다. 자신의 부르심과 사역, 함께하는 사람들, 또 지금 자신을 둘러싼 여러 환경과 문제들에 대해 어떤 시각과 태도로 바라보느냐에 따라서 목회의 만족도가 결정된다. 피할 수 없다면 즐기라는 말이 있듯이 사역을 기쁨과 감격 속에서 할 수 있다면 그 사람은 참으로 행복한 사역자일 것이다.

감사, 감격, 감동이 사라진 시대이다. 특히 목회자의 감정과 정서가 메마르면 교회도 메마르게 된다. 목사의 입에서 불평이 흘러나오면 메시지도 사막에서 불어오는 모래바람처럼 건조하고 얼굴에는 우울함이 흐른다. 꽃이 피는 것보다 떨어지는 것만 보고, 하루하루가 힘겨워지는 것이다. 그러나 뭐든지 즐겁게 하는 사람을 세상은 감당하지 못한다. 그렇다면 어떻게 즐겁고, 기쁘고, 설레는 목회를 할 수 있을까? 소소한 것에 감사하는 데서 시작된다. 그리고 적절한 휴식을 취하고, 자신에게 어느 정도 관대해야 한다. 건강한 몸을 유지하기 위해 적절한 운동도 필요하다.

특히 사역은 시작과 끝이 분명해야 한다. 끝도 없이 이어지는 사역은 가장 좋지 않은 경우다. 쉼표가 없는 악보를 생각해 보라. 그러므로 사역은 시작과 종료가 분명해야 하고, 사역의 결과보다는 그 사역을 할 수 있었던 것 자체에 감사해야 한다.

나는 어원 라파엘 맥머너스가 쓴《멈출 수 없는 하나님의 운동력》국제제자훈련원을 읽고 많은 도움을 받았다. 또 앨리스 프라일링이 쓴《한 사람이 또 다른 한 사람을》IVP도 많은 도움이 되었다. 이 두 책은 공통적으로 하나님 나라에 대한 상상력을 불어넣어 준다. 상상력이 막히면 절망이 온다. 광야에 백합화가 피어나는 상상력, 물이 바다를 덮음과도 같이 여호와를 인정하는 것이 온 세상에 가득 차게 될 것을 바라보는 영적인 상상력이 있는 한 하나님 나라는 결코 우울하지 않다.

제자훈련과 리더십

제자훈련은 평신도를 깨우는 운동이요, 평신도를 동력화하여 소수의 헌신 되고 겸비된 평신도 지도자를 양성하는 일이다. 그러므로 제자훈련 목회철학을 선언한 목회자는 적어도 평신도 리더십을 인정하는 라인에 서 있다. 한국에서 제자훈련은 30년을 지나면서 의심할 바 없는 건강한 목회철학으로 자리 잡았다. 제자훈련 교회들의 건실한 목회는 그 증거가 된다. 이런 결과는 어떻게 나왔을까? 제자훈련은 성경을 붙들고 씨름하는 운동이며, 그들이 우직하게 예수님의 사역을 따르고자 했기 때문이다. 이런 성찰은 소위 '한 사람 철학'이라는 말로 대변할 수 있다. 한 사람을 주목하고 그를 위해 목숨까지도 버리는 목자로 서는 것이다. 목회자가 성도 각 사람을 충분히 파악하고 그가 어떤 사역에 적합한 은사와 품성을 지녔는가를 안다는 말이다. 또한 제자훈련 교회는 직분을 수직체계가 아닌 기능으로 이해하기 때문에 각자의 사역 위치가 신분이 아니므로 리더십의 역기능을 최소화할 수 있다. 이것이 제자훈련의 강점이요, 제자훈련 목회 현장에 허락된 가장 큰 축복이었다. 그러나 동시에 위험성도 있다. '한 사람 철학'을 적용하기 힘든 대형교회의 상황을 맞을 때이다. 담임목회자가 한 사람, 한 사람을 오랜 시간 양육과 훈련을 통해 리더로 세워나가는 일이 현실적으로 힘들어지기 때문이다. 이 기능을 부교역자들이 맡고, 심지어 부교역자마저 잦은 사역지 이동으로 어느 순간 교회와 목회자가 잘 모르는(?) 성도들이 리더가 되기 때문이다. 또 하나의 위험성은 목회를 생산성과 외적 성장이라는 측면에서 평가하는 것이다. 이렇게 되면 양적 성장을 위해 다른 본질을 간과하기 때

   단단한 교회

문에 성경적 리더십이 아닌 엘리트 리더십으로 전락한다.

홀로 가는 것이 카리스마 리더십이라면 함께 가는 것이 제자훈련 리더십이다. 사역과 결정을 독차지하려 할 때 홀로 가게 되고, 사역을 위임하고 결정을 공유할 때 함께 가는 일이 가능해진다. 동역하는 것, 믿음의 분량과 각각의 은사를 따라 섬기는 것이 예수님의 방식이다. 이렇게 보면 교회의 질서 안에 평신도 리더십인 장로나 집사 직분을 세우지 않거나, 동역할 사역자를 두지 않으면 사역의 연속성을 담보하지 못하고 일인 목회, 당대 목회로 그칠 위험성이 있다.

한편 이렇게 제자훈련 리더십을 따라 사역을 공유, 위임하더라도 목회 현장의 다양한 요구와 상황을 완전하게 해결할 수는 없다. 제자훈련은 대개 한 사람의 목회자를 통해 진행되므로 일관성이라는 장점이 있는 반면, 획일성에 빠질 수도 있기 때문이다. 그러므로 제자훈련 목회자는 교회의 양육체계를 따라 세워진 리더십뿐만 아니라 객관적으로 조언해줄 수 있는 자문 그룹을 두거나 평가를 외부에 의뢰할 필요가 있다. 대개의 경우 제자훈련 목회철학을 가진 교회는 중직자를 선출하는 기준에 제자훈련, 사역훈련 수료를 조건으로 두기 때문에 이 영역에 진입하지 못한 사람은 원천적으로 교회의 중직자가 될 수 없다. 이것은 교회의 가장 중요한 철학을 유지하기 위한 조치이지만 동시에 제자훈련 교회의 약점이 되기도 한다.

제자훈련과 목회자의 아내

제자훈련 목회의 전설과 같은 분들이 들려주는 최후의 방책은 언제나 목회자의 아내에 관한 이야기들이다. 제자훈련 목회철학으로 목회에서 한 송이 꽃을 피워 올린 목회자마다 그 뒤에는 보이지 않는 아내의 역할이 있었다. 그렇다면 제자훈련에서 목회자 아내는 어떤 역할을 담당하는가?

미스김 라일락

올해도 봄이 오고 목양실 창가에는 어김없이 미스김 라일락이 만개했다. 가녀린 가지에다 꽃잎도 앙증맞으리만큼 작다. 그러나 라일락 향기는 온 방에 가득하다. 미스김 라일락Miss Kim Lilac_'Syringa patula Miss Kim'은 본래 북한산에서 자생하던 털개회나무(수수꽃다리, 혹은 정향나무)였는데 1947년에 미 농무성의 엘윈 M. 미더Elwin M. Meader가 북한산 백운대를 등산하던 중 바위틈에 자라고 있던 작은 라일락 종자를 미국으로 무단 반입하여 난쟁이 라일락으로 육종해 '미스김 라일락'이라는 이름으로 특허등록을 한 품종이다. 원래 이름을 몰랐던 미더는 마땅한 꽃나무 이름을 찾던 중에 당시 식물자료 정리를 도왔던 한국인 타이피스트의 성을 따서 '미스김 라일락'이라고 이름지었다 한다. 미스김 라일락은 몸집이 작으면서 향기가 유독 진하고, 자라면서 색이 바뀌는 특징이 있어 라일락 품종 중 최고로 친다. 미국과 영국 화훼시장에서 큰 인기를 끈 미스김 라일락은 70년대에 우리나라에도 역수입 되어 관상용으로 널리 보급되고 있는데 일반 라일락보다 묘목 값이 2배 이상 비싼데도 봄이면 수요가 달릴 정도로 인기가 높다.

나는 제자훈련 목회자들의 아내들을 뵐 때마다 미스김 라일락을 떠올리곤 한다. 주지하다시피 대부분의 목회자와 선교사들은 열악한 환경 속에서 사명 하나 부여잡고 살아간다. 궁색한 살림, 많은 요구와 기대로 넘쳐나는 시선들, 일상에서 만나는 부재와 결핍의 현실, 소리 지를 수도 하소연할 수도 없는 고립과 고독, 그래서 목회자 아내들을 뵐 때마다 가녀린 미스김 라일락이 자연스럽게 떠오른다. 연약해서 향기가 더 진하고 품격이 있는 것일까? 목회자 아내들은 힘든 삶 가운데서도 절제와 지조의 삶을 살아왔다. 고급 양장을 입고, 명품 가방을 들어서 멋진 것이 아니라 범접할 수 없는 인격과 존재만으로도 느껴지는 기품이 있다. 얼마나 아름다운가!

슬픈 충성의 역사

우리는 성령의 열매인 '충성'을 말하기 전부터 이미 '충성'에 대한 사회적 오리엔테이션을 거친 사람들이다. 돌이켜보면 고등학교에서 교련을 배우고 군 생활을 하면서 수도 없이 외쳤던 구호가 바로 '충성'이었다. 우리는 실로 충성을 요구하던 나라에 태어났고, 또 충성을 강요하던 시대를 살아왔다. 사회에서 신앙 공동체 안으로 들어온 후에도 '충성'은 교회를 지켜주는 중요 덕목으로 맹위를 떨쳤다. 교회 중직자가 되는 중요한 기준이 바로 충성이었다. 임직식 때 입는 권사님들의 한복에서는 어쩌면 특수부대원의 군복보다 더한 충절을 느낄 수 있었다. 그래서 우리는 나라에 충성하고 교회에 충성하고 때로는 목회자에게도 충성을 다 바쳤다. 목회자 아내들도 예외는 아니었다. 목회자의 아내는 절대 아프지 말고, 전쟁이 나도 새벽제단을 쌓으며, 돈이 없어도 궁색하지 않고, 싫은 소리를 들어도 얼굴에는 평화를, 어떤 광야를 통과하더라도 인내해야 한다. 심지어 유행에 뒤처지지도 앞서가지도 않는 옷을 입어야 한다. 교회에서의 존재감도 있는 듯 없는 듯 절대 황금의 중도를 요구받아 왔다. 어쩌면 누군가가 '한국 교회 사모 잔혹사'를 써야 할지도 모른다. 그래서 종교의 폭력성에서 해방된, 본래 의미로서 '충성'을 말하려면 우리의 슬픈 충성의 역사와 화해하고 이제 주님과의 신실하고도 친밀한 관계 속에서 성경적 충성으로 세워져 나가야 할 것이다.

일그러진 충성

《내 마음의 열매 가꾸기》IVP 를 쓴 엘리사 모건은 성령의 아홉 가지 열매 중에서 '충성'이야말로 우리 삶 속에서 가장 자라나기 어려운 열매라고 말한다. 그녀는 '충성'을 하나님과 이웃에게 대하여 성실한 것이라고 정의한다. 우리 모두는 충성의 필요성을 느낀다. 그럼에도 어떤 충성은 때로 우리를 곤혹스럽게 한다. 이른바 일그러진 충성이다. 공동체는 힘이 약해 무너지기도 하지만 힘이 넘쳐 무너지기도 한다. 충성은 에너지이다. 이 넘치는 에너지는 하나님께 드려져야 한다. 그러나 이 유용한 영적 에너지가 특정 개인이나 조직을 유지하고 강화하는 데 사용되면 공동체는 그 힘 때문에 패망하는 것이다. 교회에서도 이런 일은 얼마든지 일어날 수 있다. 하나님께 드려야 할 충성을 사람에게 바치기 시작하면 경쟁이 일어나고 동시에 질투가 뒤따른다. 여기에 약간의 소문과 상상력이 동원되면 공동체는 심각하게 흔들리고 마침내 좌초하고 만다. 목회자의 아내는 성도들이 목회자를 신격화하고 절대화할 때 기름을 붓는 자가 아니라 찬물을 붓는 자가 되어야 한다. 한때 기분은 좋을지 모르지만 목회자를 신격화하고 절대시하는 아부꾼이 며칠 후에는 반란군이 되어 돌아올 수 있기 때문이다. 또한 목회자 남편이 명예를 추구하고, 돈을 추구한다면 단식투쟁을 해서라도 막아야 한다.

목회자의 아내는 아비가일처럼 처신할 수 있어야 한다. 아비가일은 다윗의 혈기를 막았다. 지도자로서 오점을 남길 수 있었던 다윗에게 아비가일은 현명한 충고를 했고 다윗은 지혜로운 결단을 내릴 수 있었다. 또한 우리는 밧세바가 정중하게 거절하지 않았다는 사실을 기억해야 한다. 그녀가 만일 '충성'이라는 덕목을 사용했다면 다윗과 이스라엘은 엄청난 소용돌이에 빠지지 않았을 것이다. 다윗에게 책임이 없다는 뜻이 아니라 그만큼 여성의 영향력이 중요하다는 말이다. 《하나님을 경외하는 마음》예수전도단을 쓴 조이 도우슨은 "여성은 자신의 영향력으로 남성이 거룩한 사람이 되도록 도울 수도 있고, 거룩한 사람이 되지 못하도록 막을 수도 있다. 좀 더 편히 길을 갈 수 있도록 디딤돌 역할을 할 수 있는 사람도, 거침돌이 되어 거룩함을 해칠 수 있는 사람도 여성이다"라고 썼다. 목회자의 아내는 먼저 자신을 수신修身하고 이어서 남편 목회자를 내조內助해야 한다.

여기서 뼈아픈 충고는 목회자의 아내가 자기 남편에게 충성해서는 안 된다는 점이다. 그것은 망하는 길이다. 또한 부교역자와 성도들이 남편에게 충성하도록 방조하거나 조장해서도 안 된다. 목회자의 아내는 가장 까다로운 장로이며, 가장 비판적인 권사이며, 가장 엄정한 지도교수이자, 가장 성실한 집사가 되어야 한다. 거침없이 충언의 돌직구를 날려야 하고, 사랑의 레이저 광선으로 째려보아야 한다. 하다하다 안 되면 사택에서 소복을 입고서라도 무언의 투쟁을 해야 한다.

우리가 주님으로부터 받은 것은 섬김의 리더십이다. 인위적으로 충성을 강요하면 안 된다. 부교역자와 성도들이 담임목사를 존경하고 섬기는 것은 분명 아름다운 일이다. 이런 면에서 바울과 많은 사역자와 성도들이 보여준 아름다운 모습을 모범으로 삼을 수 있다. 그러나 오늘날 목회자들은 지나치게 높아져 있고 교회 안에는 교권주의가 만연하다. 이것은 교회와 목회자에게 독이 된다. 제자훈련 목회철학으로 목회하는 교회에서는 더더욱 그렇다. 담임목사의 생일이나 명절을 잘 챙기고, 항상 우호적이고, 담임목사의 편에서 일하는 것을 충성으로 생각해서는 안 된다. 우리는 충성을 주고받는 사람들이 아니라 팀_{Team}이며 우리는 그분에게만 충성해야 한다. 그분에게 올려져야 할 영광을 탐내어서도 안 되고 그분에게 돌려져야 할 충성을 훔쳐서도 안 된다. 그러나 이런 충고를 해줄 사람은 아무도 없다. 아내가 말해주지 않으면 목사는 벌거벗은 임금이 되고 마는 것이다.

아름다운 충성

목회자의 아내는 미당 서정주가 노래한 한 송이 국화꽃을 피우는 사람들이다. 인내로 피어난 에델바이스이다. 사람을 살리고 공동체를 살리기 위해서 광야학교의 수석졸업자가 되어야 한다. 인내로 내공이 다져지고 겸손으로 무장하고 말씀과 기도로 무기 삼아야 한다.

목회의 전반부에서는 목회자의 역할이 두드러졌다면, 목회의 후반부에 와서는 아내의 숨은 내조가 빛을 발해야 한다. 목회의 전반부는 목사의 열정과 리더십으로 쉼표 없는 성장과 전진을 거듭할 수 있지만, 후반부에 이르면 한두 가지 결점이 드러나고 열정도 리더십도 한계를 드러내기 마련이다. 그때 목회자의 아내가 다져온 숨은 내조가 위기의 강을 건너고 한계의

산을 넘게 하는 것이다. 목사가 성장과 전진의 구호를 드높이 들고 나아갈 때 아내는 두 눈을 부릅뜨고 목회의 리스크를 쓸어 담아야 한다. 대수롭지 않게 여겼던 일이 나중에 가시가 되어 돌아온다. 목회자의 아내가 처음부터 분명한 원칙을 가지고 관리하지 않으면 어느새 위기의 산을 만난다. 목회는 결코 운명이나 요행이 아니다. 문제는 반드시 문제가 된다. 어설픈 아마추어리즘을 버려야 한다. 설마 하는 사모가 목사를 잡는다.

사모의 자리는 이렇게 힘든 자리이다. 그러나 그 충성은 아름답다. 그 헌신이 교회를 세우고 그 희생 위에 목회의 꽃이 피어난다. 사모의 인격과 신앙이 목사 평생의 밑그림이 되는 것이다. 주기철 목사의 아내였던 오정모 사모는 1939년 주기철 목사가 의성경찰서에서 7개월을 지내다 대구경찰서로 이감되었을 때 감옥에서 승리하셨는지 물은 뒤 다시 갇힐 준비를 하라고 했다. "목사님이 순교하셔야 한국 교회가 삽니다." 목회자의 아내는 남편 목사에게 죽으라고, 순교하라고 말할 수 있어야 한다. 돈에 대하여, 명예에 대하여 죽으라고 말할 수 있어야 한다. 그런데 오늘날 목회자의 아내들은 어떻게 하든지 남편을 살려보려고 한다. 이런 일은 남편을 살리기 위해서 교회를 죽이는 짓이다.

주 목사가 순교한 후에 산정현교회 교인들이 동상을 세우려 할 때 반대한 사람이 그의 아내이다. 말년에 유방암 수술을 할 때는 예수님의 십자가 고통을 느낄 수 있도록 마취 없이 하겠다고 했다. 수술을 집도한 장기려 박사는 그녀를 속여 마취를 해야 했다. 장 박사는 오정모 사모의 투병 후 마지막 가는 얼굴이 그렇게 아름다웠다고 말했다.

무엇이 사모의 '충성'이겠는가? 거룩한 여인은 큰 영향력을 발휘한다. 오늘날 많은 목회자의 아내들 역시 위기에 처해 있다. 교회가 힘들어지고 목회가 힘들어지면서 아내들도 힘들어진 것이다. 그러나 한나의 절박한 기도를 통해 새로운 역사의 여명이 밝아온 것을 생각하며 사모는 기도에 전력專力을 다해야 한다. 두 사람의 산파를 통해 애굽에서 대역전의 역사가 시작되었던 것처럼 목회자 아내들이 흔들림 없는 신앙의 절대가치를 붙들면 민족도 구할 수 있다. 이 땅의 모든 목회자 아내들의 헌신과 희생 그리고 다함이 없는 충성에 존경과 박수를 보낸다.

전인적 제자훈련을 추구하는 목회자의 경우 아내의 협조와 동역 여부에 사역의 키가 있다고 해도 과언이 아니다. 일단 목회자의 집에 초대하고 음식을 대접하며 일상을 개방해야 하기 때문이다. 또 여제자반의 경우 소풍과 MT, 졸업여행 시에 반드시 목회자 부부가 동행해야 한다. 이런 사역적인 부분을 떠나 목회자 부부의 건실함은 여러 시험거리들을 차단한다. 제자훈련에서 모범적인 가정, 인격적이고 영적인 부부상을 가르칠 때 인도자인 목사 부부가 모델이 될 수 있어야 한다.

제자훈련과 우정

나의 제자훈련은 교회 개척과 함께 시작되었는데 이제 어언 20년이 되었다. 제자훈련을 알 것도 같은데 여전히 숙제를 다 마치지 못한 학생처럼 두려운 마음과, 첫사랑의 설렘 그리고 기대감이 함께 자리 잡고 있다. 시간이 흐를수록 점점 더 강한 확신으로 다가오는 것은 제자훈련이 '우정'이라는 것이다.

예수님의 공생애는 곧 제자훈련의 장場이었다. 12명이라는 소그룹 환경과 다양한 직업, 연령, 출신, 정치성향 그리고 3년이라는 시간은 제자 공동체의 독특한 문화와 연대감, 정서를 만들었고, 복음서를 읽는 독자들은 이들의 관계가 사제지간을 넘어 우정의 연대가 되었음을 감지할 수 있다. 실로 예수님 역시 자신을 그들의 친구라고 천명하셨고요 11:11; 15:13-14 실제로 친구로 대하셨다. 물론 예수님과 제자들의 관계를 '친구'나 '우정'이라는 단면적인 개념으로 보는 게 조금 억지 같을 수 있지만, 내가 만났던 수많은 훈련생과의 관계를 생각할 때 제자훈련에서 우정의 측면은 한번쯤 성찰해볼 만한 가치가 있다.

그동안의 제자훈련에서 부족했던 것을 꼽으라면 나는 '우정'이라고 할 것이다. 신자의 입장에서 제자훈련은 굉장히 피곤한 일일 수 있다. 교회의 정책이라든가, 목사님의 목회철학이라는 학생과장의 방침(?) 같은 느낌이 드는 것이다. 그런 분위기에서 어떤 이는 의무감으로 일 년 동안 제자반 생활을 할지도 모른다. 제자훈련, 사역훈련을 수료하지 않으면 소위 중직자가 될 자격조차 주어지지 않는 상황에서 어쩔 수 없는 선택지일 수도 있다. 이런 제자훈련이 어떤 결과를 가져오겠는가? 물론 훈련생을 선발할 때 제자훈련에 지원한 동기까지 추적하기는 어렵다. 다양한 이유로 제자반에 들어기 때문이다. 외형적으로는 원만하게 보인다. 하지만 공감이나 연대감이 부재한 제자반을 이끌면 인도자는 좌절감을 느낀다. 우정을 찾아볼 수 없어서다. 교재는 다 마쳤고, 코스웍도 잘 마쳤는데 무언가 완성되지 못한 것 같다면 그것은 곧 우정을 쌓지 못했다는 증거다. 종종 자신이 가르치고 세운 장로에게 곤혹을 당하는 목회자가 있다. 훈련만 남고 연대는 없는 때도 흔하다. 제자반을 수료한 이들은 인도자인 목회자를 어떻게 바라보는가? 해병대 조교인가, 아니면 대입학원 강사인가? 훈련만 있고 연대가 없다면 해병대 조교와 다를 바가 없을 것이다.

그렇다면 어떻게 우정을 쌓아야 하는가? 특별한 활동이 필요한가? 제자반에서의 우정은 어떤 것인가? 내가 느끼고 깨달은 바를 나누고 싶다.

첫째, 훈련생을 한 사람의 훈련생으로서가 아니라 한 인격으로 대해야 한다.

만일 목회자가 훈련생의 배우자나 자녀 이름을 모른다거나, 고향을 모른다거나, 그럴 일은 없겠지만 직장이나 직업도 모른다면 그는 그저 제 몇 기, 몇 번 훈련생일 뿐이다. 이번 기수 7명 혹은 10명의 훈련생 중 한 사람일 뿐이다. 일단 반이 편성되면 인도자는 이름 외우기부터 해야 한다. 거의 강박관념을 가질 정도로, 모든 것을 스캔하듯이 외운 후 훈련생을 위해 기도해야 한다. 그에 대해서 알고 있는 만큼 대화는 깊어지고 피상성을 벗어나게 된다. 생일을 기억하고 작은 엽서라도 보내고 하다 보면, 몸의 연약한 부분, 습관, 개인적인 신념, 감명 깊게 읽은 책, 좋아하는 연예인, 잘 만드는 요리, 오랜 상처, 대학 시절의 동아리까지 알게 된다. 사랑은 관심이고, 관심이 있으면 더 많이 알게 되고, 그래서 더 이해하고 더 사랑하게 되는 것이다. 만일 훈련생 입장에서 인도자가 자기에게 관심이 없고, 자신에 대해 무엇 하나 제대로 아는 것이 없다고 느낀다면 그때부터 훈련만 남고 연대는 사라진다.

제자반은 대입학원이 아니다. 제자반이 시작되면 인도자는 온통 제자반에 마음이 가 있어야 한다. 정규 시간 외에도 다양하게 만나고 특별한 시간을 가져야 한다. 형제들은 자주 낚시도 가고 함께 운동도 할 수 있다. 자매들과는 함께 음식도 만들고 산책도 한다. 일 년간 단조롭게 교재 진도만 나가고 숙제만 체크한다면 그런 제자훈련은 진절머리가 나지 않겠는가? 우정을 쌓으려면 인도자가 열린 마음으로 훈련생에게 다가가야 한다. 권위의식은 버려야 한다. 진정한 권위는 오직 말씀의 권위뿐이다. 또 조급한 마음도 버려야 한다. 좀 느긋해야 한다. 하루 아침에 모리아산까지 갈 수는 없다. 한 사람의 인격으로 대한다는 것은 훈련생이 제자반에서 그리고 인도자에게 소중한 존재로 느껴지도록 하는 것이다.

둘째, 함께 웃고, 함께 먹고, 함께 걸어라.

우정을 쌓는 데는 시간이 필요하다. 시간을 투자하지 않고 우정을 쌓는 것은 불가능하다. 그래서 제자훈련이 어려운 것이다. 많은 목회자가 이러한 이유로 제자훈련을 낭비라고 생각하고 비생산적인 방법이라며 포기한다. 또한 시간을 함께하되 질적인 시간 Quality Time을 가져야 한다. 마음을 열고 깊이 있는 대화와 유머, 웃음, 맛있는 식사와 여행이 필요하다.

나는 훈련생들과 야구팀에서 함께 뛰고, 크고 작은 여행도 많이 했다. 스키, 테니스, 낚시를 하고, 맛있는 것을 먹고, 함께 산을 올랐다. 어떤 제자반에서는 한라산을 두 번이나 오르기도 했다. 오랜 세월이 흐르니 수료생들은 훈련보다는 추억을 말한다. "목사님, 그때가 참 좋았어요"라고 한다. 분명 그들의 신앙도 자랐을 것이다. 비전도 발견했을 것이다. 생활과 습관도 바뀌었을 것이다. 그런데 그들의 가슴속에 남은 것은 우정이다. 인도자는 마음을 낮추어야 한다. 그들과 다른 사람이 아니라 그들에게 '우리'가 되어야 한다. 몸을 높이면 권위가 쌓이고, 몸을 낮추면 우정이 쌓인다. 함께 털어놓고, 함께 흥분하고, 함께 웃어야 한다. 믿음은 말씀으로 생기고 우정은 동행으로 생긴다.

우정은 신뢰라는 기초 위에 집을 짓는다. 신뢰가 무너지면 우정에 금이 가는 것이 아니라 제자반이 거품이 된다. 예수님은 제자들을 신뢰하고 믿어주셨다. 제자들에게 연약함이 있었지만 하나님 나라를 맡기셨다. 잘할 때는 칭찬해주시고 부족할 때는 믿음이 없다고 꾸짖으셨다. 이것이 진실이다. 그냥 덮고 지나가면 썩고 부패한다. 그러므로 인도자는 진실한 사람이 되어야 한다. 진실한 책망과 견책은 상처를 주는 것이 아니라 키를 자라게 한다. 그러나 이것은 진실한 사랑이 있을 때만 생기는 용기이다. 진실한 사랑이 없으면 책망은커녕 제대로 가르칠 수도 없다. 진리는 강하고 진실에는 힘이 있다. 진실한 사랑이 진정한 관계를 만든다. 그러므로 인도자는 꾸밈없이 말하고, 진솔하게 대화해야 한다. 인도자는 제자반에서 한 약속을 잘 지켜야 하고 그렇지 못할 때는 사과해야 한다. 또 자신의 부족함을 말하길 두려워해서는 안 된다. 또한 훈련생에게 감사할 일이 있다면 제대로 격식을 갖추어서 표현하고, 그런 태도와 자세는 일관적이어야 한다.

제자반에서 우정이 쌓이는 소리는 웃음소리로 확인된다. 또한 제자반에서 우정이 깊어지는 것은 얼굴의 미소로 알 수 있다. 이것이 전인적全人的인 것이다. 비단 우정은 인도자와 훈련생뿐만 아니라 훈련생 상호 간에도 깊어진다. 이렇게 되면 서로 얼굴만 봐도 위로가 된다. 우정은 신앙을 강하게 결속시키

2002년 제3기 남제자반 수료계배 기념

제자반 수료생들로 뭉친 연식야구팀 '디사이플스'

고 사명의 길을 홀로 걷게 하지 않는다. 우정은 길고 오래간다.

현대인들은 참으로 외롭다. 실제로 마음을 나눌 사람이 없다. 신자들도 예외가 아니다. 현대인들이 모인 곳을 보면 하나같이 경직되어 있다. 가족, 회사, 교회도 점점 형식적이고 사무적인 관계로 변해가고 있다. 그런데 제자훈련마저 인문학 강좌를 듣는 것처럼 딱딱하다면 어떻게 되겠는가? 나는 이 시대에 인간미와 낭만이 실종된 것에 애통한다. 기독교 신앙은 생명의 종교, 찬송의 종교다. 끝없는 족보 이야기와 변론을 일삼는 논쟁의 종교가 아니다. 그렇다고 초등학문에 머물러 상식조차 기대할 수 없는 터무니없는 신앙은 더더욱 아니다. 나는 우리 훈련생들에게 "목사님, 청년부 시절로 되돌아간 기분이에요"라는 이야기를 자주 듣는다. 우리의 교제는 진리 안에서의 교제다. 이 진리는 우리를 참으로 자유케 한다. 지난 20년간의 제자훈련을 한마디로 말한다면 나는 '우정'이었다고 할 것이다.

5 장

제자훈련 가이드 19

제자훈련 기간은 훈련생과 인도자의 신앙 여정에서 가장 아름답게 빛나는 순간이다. 제자훈련을 시작한 지 20년이 지나가지만 아슬아슬하고 설레는 감정은 변함이 없다. 인도자는 매년 새 기수를 맞이하지만 훈련생에게는 생애 단 한 번의 제자훈련이다. 그들에게 제자훈련은 20년, 30년 신앙생활에서 가장 혁명적인 사건으로 기억될지도 모른다.

가이드 1.
12월의 교회는 야전사령부 작전상황실 막사와 같다

한국 역사의 격동기에 한민족의 운명을 결정지은 사건 중에 인천상륙작전Inchen Landing Operation이 있었다. 1950년 9월 16일 당시의 전황戰況은 대구, 경주, 창녕, 마산만을 남겨두고 있었다. 수주일 내에 한반도가 전복될지도 모르는 극적인 순간이었다. 이때 인천상륙작전으로 전세戰勢가 역전되었기에 오늘의 우리가 있는 것이다. 인천상륙작전은 세계 전쟁사에 길이 남을 작전으로 평가받고 있다.

이 작전은 결코 즉흥적으로 진행된 것이 아니다. 맥아더 장군은 한국전쟁 발발 4일 뒤인 1950년 6월 29일 도쿄에서 4대의 전투기로 북한군의 공습을 저지하면서 한강 전선이 보이는 신길동 근처까지 직접 방문하여 전황을 시찰했다. 그때 인천상륙작전을 구상했다. 맥아더는 한반도 지형을 비행기에서 한눈에 보면서 인천을 상륙해안으로 선택했다. 이에 극동사령부는 인천상륙작전을 암호명 크로마이트 작전Operation Chromite으로 명명하고, 수색부대를 보내 월미도와 인천 해안의 조수간만의 차와 해안 지형을 분석하고, 인천에서 수도 서울까지의 진격로를 파악한다. 세계 전쟁사에서 유명한 노르망디상륙작전도 준비에만 1년이 걸렸듯이 인천상륙작전에도 이와 같은 세심한 준비 과정이 있었다.

목회 현장에서도 교회가 서고 무너지는 결정적인 순간이 있다. 특히 한 치 앞을 예측하기 힘든 현대 목회 환경을 고려한다면 목회자는 일 년을 단위로 자신의 목회 전황을 세심히 살피며 나아가야 한다.

제자훈련 목회자는 12월이 되면 이런 대전투를 앞둔 야전사령관의 심정이 된다. 따라서 12월의 교회는 야전사령부 작전상황실의 막사와 같다. 목회자는 지난 일 년간의 목회 현장을 복기復碁하면서 자신을 포함한 성도들, 수료할 훈련생들을 세심하게microscope 그리고 전체적으로telescope 살펴야 한다. 목회자의 판단과 결정이 교회의 미래를 달라지게 하고 수료할 훈련생과 평신도 리더 한 명 한 명의 내일에 큰 영향을 미칠 수도 있기 때문이다. 대부분 제자훈련 교회는 다음 해 훈련생 모집을 12월에 완료하고 인터뷰를 거쳐 선발을 마친다. 그리고 반편성은 물론 훈련 담당 목회자와 수료자의 사역배치까지 결정한다. 이 기간에 졸업여행을 가고 수료예배도 드린다.

가이드 1에서는 제자훈련 목회자가 12월에 다음 해 사역을 어떻게 준비해야 하는지를 구체적으로 다룰 것이다. 제자훈련만 하는 교회는 수료생을 배치하고 다음 해 훈련생을 선발할 것이고, 제자훈련과 사역훈련을 함께 시행하는 교회는 제자훈련생 중에 사역훈련으로 올라갈 사람을 선발하고 또 사역훈련 수료생을 배치하는 작업을 한다. 나는 이 글에서 맥아더가 세 단계로 나누어 인천 해안에 상륙했던 과정을 비유로 들어 제자 훈련을 설명하려고 한다. 다 함께 야전사령부 작전상황실 막사로 들어가 작전 지도를 펼쳐보자.

STEP 1. 녹색해안 Green Beach

인천상륙작전을 앞두고 미5해병연대는 월미도에 상륙해서 교두보를 마련한다. 여기가 월미도 앞바다, 즉 녹색해안이다. 그렇다면 제자훈련 목회자는 작전 전개를 위한 교두보를 어떻게 확보해야 하는가? 긴 마라톤을 했기 때문에 12월은 모든 부분에서 탈진하기 쉬운 시기이다. 목회적으로는 연말 정책당회를 비롯해서 각종 결산과 신년계획 및 임명 건, 교역자 이동 등으로 순식간에 지나간다. 이 시기에는 제자훈련 인도자들과 함께 피드백 시간을 갖는 것이 중요하다. 이런 시간을 거치면서 제자반 분위기와 훈련생들의 변화, 에피소드, 수료예배 준비와 졸업여행 등 일 년 농사의 성적표와 흐름을 자연스럽게 알 수 있다. 또한 사역반으로 올라갈 훈련생과 제자반에서 끝나는 훈련생도 자연스럽게 분류할 수 있다. 이때 담임목사는 진행 중인 제자훈련의 현주소와 상태를 알게 된다. 또한 각 제자반 반장과 총무를 위로하는 식사의 자리를 마련해보라. 훈련생의 입장에서 느낀 점을 들을 수 있다. 지도 교역자와 현장에서 함께 뛴 리더들의 이야기는 제자훈련 상황을 객관적이고 균형 있게 평가하는 데 도움을 준다.

상황 파악 후에는 수료자 명단과 새롭게 추천받은 제자반 및 사역반 예비 후보자 명단을 가지고 기도해야 한다. 조용히 기도하며 일 년 목회를 준비하다 보면 녹색해안에서 교두보를 확보할 수 있다.

적색해안은 인천 해안 교두보를 마련하고자 인민군과 맞닥뜨려 인천 시가지를 탈환하는 전선이었다. 나는 제자훈련 과정만 진행하는 교회를 중심으로 적색해안을 설명하겠다. 제자훈련이야말로 목회의 백병전 hand-to-hand fighting 이요 가장 치열한 야전 a field battle 이기 때문이다. 실제로 제자훈련 목회에서 제자반이 가장 기억에 남고 치열할 뿐 아니라 목회자의 에너지도 가장 많이 들어간다. 제자훈련만 시행하는 교회에서는 제자반 수료생이 곧 순장이 된다. 자연스럽게 수료생들은 '수료=부담'이라는 상황을 맞는다. 그래서 이들을 바로 사역 현장으로 배치하는 일이 가장 중요하다. 인도자는 수료생 한 명, 한 명을 상담하면서 그들의 상황과 비전, 은사 등을 세심하게 고려해야 한다. 제자훈련만 실시하는 교회에 당부하고 싶은 내용은 다음과 같다.

첫째, 제자반 수료 후에 신임 순장훈련 같은 단기 프로그램을 운영하는 것도 좋다. 수료생들이 느끼는 부담도 줄고 나아가 자신감을 얻을 수도 있다. 이때 사역훈련은 하지 않더라도 사역훈련 교재 제3권만으로 진행해도 큰 도움이 될 것이다.

둘째, 제자훈련만 실시하는 교회는 다음 해 훈련생 선발에서도 사역훈련과 병행하는 교회와는 접근이 조금 달라야 한다. 훈련생 선발에는 탄탄한 구조_{structure tight}를 갖춰야 하는데, 이들은 1년 과정 후에 바로 순장이 되어 사역 현장으로 나가기 때문에 훈련생 선발에 더욱 공을 들여야 한다.

셋째, 제자반에 들어오기 전에 기초양육을 튼튼히 할 필요가 있다. 가령, QT반, 전도폭발 1단계, 성경대학 등의 과정을 거쳐 제자반에 들어오게 하면 사역훈련이 없더라도 제자훈련만으로 충분히 평신도 사역자의 역할을 감당할 수 있다.

넷째, 제자반에서 《평신도를 깨운다》를 챕터별로 함께 읽고 토론을 하면 도움이 된다. 사역훈련에서 다룰 내용이 그 안에 다 들어있기 때문에 제자훈련만으로도 효과가 크다.

STEP 3. 청색해안_{Blue Beach}

청색해안은 미7사단과 국군17연대가 인천에서 서울 탈환을 목적으로 나아간 전선이었다. 승전가를 부르며 깃발을 꽂는 과정이다. 이 단기필마의 상륙작전으로 망하기 직전의 나라를 구해냈듯이, 멋지게 전세를 역전시키는 전선이 바로 '청색해안'이다. 나는 이 청색해안을 제자훈련과 사역훈련을 함께 진행하는 교회를 중심으로 설명하고자 한다.

제자훈련과 사역훈련을 함께 시행하는 교회는 좀 더 긴 호흡으로 평신도 지도자를 세워간다. 이런 교회의 훈련생은 동기들과 깊은 우정과 동역자 의식을 갖고 훈련 담당 교역자나 담임목회자와도 깊은 동질감을 느낀다. 깊이 우려낸 녹차와 같고, 오래 숙성된 김치처럼 더 깊고 풍부한 맛을 내는 것이다. 이것이 수많은 제자훈련 목회자의 신념이었고, 오늘까지 달려온 길이었다.

한국교회는 평신도 리더를 단기양성하려는 움직임이 아직도 주류를 이룬다. 그래서 많은 사람이 제자훈련을 성가시고 비생산적인 목회로 치부한다. 기초양육을 포함한다면 무려 3년이라는 긴 시간을 투자해서 평신도 한 명, 한 명을 세우는 일은 거의 목회적 고행에 가깝다. 한 달 내지 3달 과정을 통해 속성으로 리더를 세워가는 오늘날 한국교회의 풍토에서 본다면 제자훈련은 교회 성장학 측면에서 역주행에 가깝다. 그래서 나는 제자훈련 목회자는 정말 계산이 느린(?) 사람들이라고 생각한다. 이익과 타산을 따진다면 평신도 한 사람을 위해 어떻게 3년을 투자할 수 있겠는가?

한 사람 철학과 제자훈련은 리더 단기양성이 아니므로 평신도 지도자 한 명을 세우기까지 미당의 시구처럼 '소쩍새가 우는 봄과, 먹구름 속에서 천둥이 치는 여름과, 간밤에 무서리가 저리내리는 가을'을 지나야 한다.

제자훈련과 사역훈련을 함께 실시하는 교회는 일 년 중 12월이 가장 분주하다. 수료예배와 훈련생 선발, 사역 배치가 동시에 이루어지는 달이기 때문이다. 청색해안에 있는 교회가 생각해볼 부분은 다음과 같다.

첫째, 평신도 지도자의 범주를 넓힐 필요가 있다. 사역훈련에서는 수료생의 진로를 순장뿐만 아니라, 교사, 봉사팀 디렉터, 교회 중직자, 전문 사역자 등으로 확대해서 구상하고 사역훈련 시 이들이 리더로서 다양한 면모를 갖추도록 해야 한다. 즉, 순장 양성에만 무게를 두지 말고 교회와 가정, 세상에서도 크리스천 리더로서의 인격과 자질, 비전을 갖추도록 도와야 한다.

둘째, 훈련생 선발에서 제자훈련은 조금 관대하고 폭넓게 잡아나가고, 사역훈련은 다양한 방면에서 사역할 평신도 리더를 세운다는 취지에서 균형과 장래성을 염두에 둔다. 여러 번 강조했듯이 제자훈련, 사역훈련이 순장 양성소로 전락해서는 안 된다. 오늘날 제자훈련한다는 교회마저도 세상으로 보냄받았다는 본래의 의미는 희석되고 제자훈련 후에 저마다 교회 안에서만 활동하려고 한다. 교회만 하나님 나라인 것처럼 오해하는 모습은 너무 안타깝다. 지금은 다양한 방면에서 제자도를 겸비한 평신도 리더, 크리스천 리더를 필요로 하는 시대이다. 그들을 교회 안에만 가둘 것이 아니라 세상에 보내진 제자로, 복음의 선교사로 세워야 한다. 사역훈련 수료생은 교회에서도 사역을 하지만 사회에서 교육, 정치, 예술, 언론 등 다양한 분야에서 전문가로 활동하는 제자들이다. 그들이 각자의 현장에서 예수님의 제자로서 펼쳐나갈 사역을 생각하면 가슴이 설레지 않는가?

셋째, 사역훈련 수료자들이 자신의 열정엔진을 계속 가동하도록 다양한 후속 프로그램을 열어야 한다. 전도폭발이나 정교사 과정, 평신도 강사로 섬길 수 있도록 격려하라. 푸른초장교회에서는 사역훈련생에게 전문 사역자 Professional 마인드를 강조한다. 어린이, 청소년, 찬양, 문화, 전도, 소그룹, 상담 등 각 분야에서 전문 사역자의 꿈을 꾸라고 도전한다. 뿐만 아니라 사회에서도 장인 maestro 이 되라고 격려한다. 자기 분야에서 계속하여 역량을 갖추도록 도전하는 것이다.

넷째, 훈련을 마친 후에도 사정상 사역에 임하지 못하는 수료생도 있을 것이다. 그러나 그들도 승리자이다. 3년 동안 힘겹게 따라왔든, 가열차게 달려왔든, 모두가 수료자이다. 그들이 힘든 상황 속에서도 기꺼이 순종하며 따라왔다는 점을 과소평가해서는 안 된다. 사역훈련까지 받고 순장이 되지 못했다고 낙오자 취급을 하면 제자훈련의 취지가 무색해진다. 그들도 박수를 받아야 하고 계속 격려와 지지를 해주어야 한다. 이들 중에 어쩌면 나중에 더 많은 사명을 감당할 이도 나올 것이다.

나는 수료생과 함께 떠날 졸업여행으로 꿈에 부풀어 있다. 우리는 제주의 바다로 방어잡이를 나갈 것이다. 3년을 동고동

락했던 이들과 겨울바다에서 우리 주님이 꾸었던 꿈을 꿀 것이다. 또 눈 덮인 한라산도 오를 것이다. 발목에 스패츠를 매고 아이젠을 찰 것이다. 머리에는 랜턴을 달고서 바라클라바를 뒤집어쓰고 눈 내리는 설산 등정에 나설 것이다. 아! 벌써부터 잠이 오지 않는다. 제자훈련 목회자라면 나와 같은 감흥이 있을 것이다. 그래서 제자훈련 목회자에게 12월은 더 따뜻하고 벅찬 시간이다.

제자반 1박 MT, 구룡포에서

제자반 훈련생들과 함께한 속리산 등반

가이드 2.
제자훈련의 골든타임! 훈련생 면접

목회자에게 1월은 일종의 골든타임 Golden time 이다. 특히 저자 훈련하는 교회에서는 12월이나 1월에 제자훈련, 사역훈련 입학생 면접이 이루어지는데 훈련생 선발이 워낙 중요하다보니 이 시기를 골든타임이라고 부르는 것이다. 보통 11월부터 주보나 홈페이지를 통해 모집 공고를 하고 12월이나 1월에 면접을 통해 최종 입학생을 결정하는데 성도를 대상으로 입학 면접을 하는 풍경은 일반적인 교회에서는 거의 볼 수 없다. 그래서 수십 년의 쟁쟁한 신앙 이력을 가진 성도도 제자훈련하는 교회에 오면 이런 생소한 모습에 신선함을 느낀다고 말한다.

훈련생 선발과 면접에서 중요한 원칙 몇 가지 살펴보면 다음과 같다.

첫째, 기준이 선명해야 한다.

제자훈련이 오랫동안 신뢰를 쌓으며 발전하려면 기준이 분명해야 하고, 모든 성도에게 공정하며 과정도 투명해야 한다. 기준이 자주 바뀌고 흔들리면 제자훈련은 신뢰를 잃는다 세례 여부, 교회 전입 기간, 기초 양육훈련 수료 여부, 신앙생활 형편

등에 대한 기준이 있어야 한다.

둘째, 객관적이어야 한다.

훈련생을 새벽기도하면서 계시를 받아 뽑을 수는 없다. 면접에서 객관적인 정보에 대한 올바른 판단이 이루어져야 하는 이유다. 개척교회나 농어촌교회는 특수 상황을 고려해야겠지만, 이미 제자훈련이 궤도에 오른 교회라면 면접과 선발이 객관적이어야 한다. 가령, 건강 상태가 좋지 않고 심리적으로 안정이 되어 있지 않은 사람, 언제 이사 갈지 모르는 사람을 훈련생으로 뽑는 것은 바람직하지 않다.

셋째, 목양적이어야 한다.

우리는 신입사원을 뽑으려고 면접하는 것이 아니다. 면접 자체가 목양적이어야 하는 이유다. 그들의 상황, 영적인 상태, 신앙 여정을 귀담아 들어주고 적절한 위로나 격려를 하는 지혜가 필요하다. 자신이 사랑받고 있고 목양적인 관심을 받고 있음을 느끼는 성도라면 선발에서 제외되더라도 충분히 납득할 뿐 아니라 오히려 목회자를 신뢰하게 된다.

면접은 지원서와 제자훈련에 임하는 각오에 대한 설문, 교구 담당 교역자와 순장 추천서, 배우자 동의서, 각종 기초교육 훈련 이력과 봉사 현황에 대한 평가서를 중심으로 사전 평가를 하고 기초 질문지를 중심으로 진행한다. 나는 한 기수를 뽑을 때 새신자와 기존 신자의 비율을 4:6으로, 성별, 연령별, 직분별 균형도 염두에 둔다. 또한 가능하면 성향과 성품도 다양한 사람이 섞일 수 있도록 고려한다.

면접에서는 지원자가 훈련에 대해 사모하는 마음과 적극적인 의지가 있는지 확인하고 훈련 받을 여건이 어떤지를 꼭 살펴야 한다. 몇 년 전 추천으로 올라온 지원자 중 한 사람이 매주 숙제를 제출하지 않았는데 처음에는 그 이유를 몰랐다. 알고 보니 초등학교를 마치지 못했고, 글을 쓸 줄 몰랐던 것이다. 결국 중도에 탈락하고 교회도 옮긴 적이 있다. 몇 년이 지나서 다시 본 교회로 돌아왔을 때 그에게 맞는 양육을 제시할 수 있었다.

훈련생 선발에서 일 년 제자훈련 농사가 결정난다고 해도 과언이 아니다. 그러므로 면접에서 제자훈련의 첫 단추를 잘 끼워야 한다.

가이드 3.
입학생 꾸러미

면접이 끝나면 훈련생이 결정되고 제자반 편성과 담당 교역자가 정해진다. 그리고 훈련생 명단과 간단한 정보를 넘겨받으면, '이번 기수에는 어떤 훈련생들이 들어올까? 이번 기수를 어떻게 인도하면 좋을까?' 이런저런 기대감을 가지고 준비하는 것이 바로 '입학생 꾸러미'이다.

입학생 꾸러미란 마치 처음 학부형이 된 부모가 설레는 마음으로 아이의 책가방과 필통, 문구류를 준비하듯이 제자반 인도자가 자기 반 훈련생들을 위해 준비하는 준비물 꾸러미이다. 12월에 수료예배가 끝날 무렵, 이미 다음 기수 명단이 올라오는데 입학생 꾸러미를 준비하면서 다음 기수를 맞을 준비를 하는 것이다. 아마도 제자훈련 목회가 아니면 어디서도 이런 경험을 할 수 없을 것이다. 한마디로 '담임선생님'이 되는 것이다.

훈련 담당 교역자가 일괄적으로 준비할 수도 있겠지만 나는 직접 입학생 꾸러미를 챙긴다. 직접 준비하면 훈련생 이름을 익히고 인도자로서 마음 준비를 하는 데 도움이 되고 기대감도 커지기 때문이다. 입학생 꾸러미는 대략 다음과 같이 구성한다.

① 교재	국제제자훈련원에서 출간된 교재를 사용하는데, 이는 12월에 미리 주문한다.
② 독서 교재	《기도의 능력》(E.M 바운즈/생명의말씀사)을 준다.
③ QT 교재	〈날마다 솟는 샘물〉, 1년 치 정기구독 대금이 등록금에 포함되어 있다.
④ 제자훈련 바인드 노트	훈련생이 항상 지참해야 하는 것으로 설교요약, QT, 독서요약, 성경 읽기표 등으로 구성된다.
⑤ 암송카드	암송카드는 두 개 사서 펀칭하고 고리를 끼운다.
⑥ 필통	필통에는 필기구, 수정 테이프, 형광펜, 메모지 등을 넣어준다.
⑦ 암송용 머그잔	훈련생들이 숙제나 묵상을 할 때 사용할 수 있도록 기수 이름이 들어간 머그잔을 제작한다.
⑧ 숙제 파일	숙제 파일은 불투명 비닐 파일로 하고 두 개를 제작하여 사용한다.
⑨ 메모장	숙제나 공지사항을 적을 수 있는 수첩형 메모장을 준다.
⑩ 네이밍 라벨	교재를 비롯해서 모든 준비물에는 크고 작은 개인별 네이밍 라벨을 제작한다.
⑪ 제자훈련 에코백	훈련생이 사용할 작은 가방이다. 이 가방에 준비물을 넣는다.

입학예배가 끝나고 OT 시간에 입학생 꾸러미를 나누어 주면 탄성이 쏟아진다. 그냥 교재 한두 권 줄 거라고 생각했던 입학생들은 구성물을 보며 감동을 받는다. 특히 필통을 여는 순간 '아!' 하는 탄성이 나온다. 그런 모습을 볼 때마다 '번거롭고 시간이 걸리는 일이지만 잘했구나' 하는 생각이 든다. 입학생 꾸러미는 전체 구입과 제작에 최소 7-8만 원 정도가 들어간다. 문구류도 디자인이 좋고 실용적이면서 다소 고급스러운 것으로 구입한다. 남제자반과 여제자반, 연령층을 고려하여 가능한 한 기호에 맞는 것으로 준비한다. 훈련생들은 이런 경험이 처음이라고 이구동성으로 말한다. 지금까지 교회에서 신앙생활하면서 이렇게 따뜻한 마음을 느껴본 적이 없다는 것이다.

목회자가 정성을 다해 준비한 꾸러미를 받은 훈련생은 목회자의 마음을 느낀다. 인도자가 직접 장을 보면서 세심하게 준비한 꾸러미는 훈련생들과의 첫 만남을 감동의 장이 되게 한다.

가이드 4.
입학예배: "설렘, 두근거림, 가슴 벅참"

인생이 바뀌는 경험이 가능하다는 제자훈련에서 입학여배의 중요성은 말할 필요가 없다. 대개 수료예배는 12월에, 입학예배는 2월에 드리는데, 푸른초장교회는 수료예배와 입학예배를 함께 드리기도 한다.

'면접-예비모임-오리엔테이션-입학예배-1박 수련회-봄소풍'으로 이어지는 기간은 영적 전쟁이다. 입학예배를 전후로 포기하는 입학생이 속출할 때가 있기 때문이다. 이것이 한 명의 훈련생에 두 명의 기도 후원자가 선정되는 이유이다. 특히 입학예배 전과 수업이 시작되고 나서 첫 달에 탈락자가 나오기 쉽다. 그래서 입학예배는 목회 일정에 미리 공고되어야 하고 새벽기도회나 금요기도회 때 입학생을 위한 기도를 시작해야 한다.

제자훈련 입학예배는 입학생들의 축제이자, 출정식과 같다. 그러므로 인도자는 입학생들과 함께 기도하고 의논하며 입학예배를 준비해야 한다. 일방적으로 진행하기보다는 함께 꾸며가면 참여도도 높고 추억에도 남는다. 입학생이 강단으로 나올 때 그 사람에 대한 간단한 이력이나 사진, 각오를 담은 인터뷰를 영상으로 띄우고 가족과 소그룹 식구들이 플래카드나 응원 구호를 외치는 것도 좋다. 여러 반으로 구성되었을 때는 반 이름을 정해서 반별로 등장하거나 소개하는 것도 좋다.

입학예배는 '입학생 선서-앞 기수 수료자의 간증-기도 후원자의 기도-입학생 특송-선물과 꽃다발 증정-기념촬영' 순으로 진행한다. 가장 중요한 것은 입학예배 설교이다. 외부강사보다는 담임목사가 설교하는 것이 가장 좋다. 나는 제자훈련 입학예배 설교를 일 년 중 가장 중요한 설교로 여긴다. 입학생은 물론 전 성도에게 제자훈련 철학과 훈련의 중요성을 일깨울 수 있는 기회이기 때문이다. 제자훈련을 막 시작한 목사라면 적어도 여러 교회의 입학예배 설교를 들어볼 필요가 있다. 설교에서 이들이 얼마나 중요한 훈련을 시작했는지를 분명히 알려주어야 하고, 제자훈련 목회철학이 성경에서, 예수님에게서 나온 것임을 강론하고 전인적 변화를 통해 새롭게 펼쳐질 인생과 사역을 기대할 수 있게 해야 한다. 한마디로 "설렘, 두근거림, 가슴 벅참"이 되어야 한다. 또 입학예배 때 찍은 기념 사진은 반별로 액자를 만들어 거실에 놓아두게 한다. 훈련생으로서 정체성을 느끼게 하고 자부심이 생길 뿐 아니라 연약한 훈련생도 포기하지 않을 수 있도록 붙들어줄 것이다.

입학예배 때는 의상을 통일하는 것이 좋다. 하의는 검은색, 상의는 흰색으로 하고 넥타이나 스카프로 맵시를 낸다. 푸른초장교회는 〈진리의 빛〉을 제자훈련 입학식 특송곡으로 부른다.

매년 바꾸는 것보다 교회의 정신을 말해주는 곡을 지정해서 부르는 것이 좋은 것 같다.

입학예배에서 특송을 하는 입학생들을 보면 풋풋한 모습에 미소가 절로 나온다. 한 사람 철학을 가진 목회자라면 입학예배 때 특송하는 입학생들을 보는 것만으로도 가슴이 뜨거워질 것이다. 이들과 함께 일 년 동안 변화되어갈 여정을 생각하면 인도자는 행복에 젖는다. 인도자와 훈련생은 입학예배와 함께 항구를 떠나 기나긴 항해를 시작하는 것이다.

과제물: "훈련생이 지고 갈 적당한 부담감"

푸른초장교회의 제자반 인도자는 수료예배와 입학예배를 드린 후 OT와 함께 훈련생들과 처음 만난다. 첫 시간은 대개 인도자의 집에서 모인다. 첫 시간에 가장 많이 나오는 이야기는 과제물에 대한 궁금증이다. 훈련생 입장에서는 적을수록 좋겠지만, 인도자는 의욕이 앞서 다소 과한 숙제를 내기 쉽다. 그러나 과제물은 마냥 편해서도 안 되고, 과도한 나머지 탈락자가 나오게 해서도 안 된다. 그야말로 '신의 한 수'가 필요한 부분이 바로 과제물이다.

교재 예습, 성구 암송, 설교 요약, 독서 과제, D형 QT, 성경 읽기, 생활 숙제는 필수 과제물이다. 이 7가지는 제자훈련 과제물의 기본이라고 할 수 있다.

먼저 교재 예습은 다음 주에 다루게 될 교재의 성경구절을 찾아 적어오고 나름의 답을 찾아오는 것이다. 나는 반드시 교재에 펜으로 성경구절을 적게 한다. 미리 통지하지 않으면 인쇄해서 붙여오는 경우도 있다. 심지어 이미 수료한 아내가 사용한 교재를 들고 오는 훈련생도 있었다. 훈련생들은 장차 교회에서 지도자가 될 사람들이므로 이런 면은 세밀하게 점검해야 한다. 성구 암송은 매주 2개씩 진행하는데 훈련생이 많은 반은 조를 나누어 점검하기도 한다. 성구 암송은 기계적이 되지 않게 하고 암송 구절의 의미를 아는 것은 물론 영적, 교훈적 의미를 깊이 깨닫도록 하는 데 노력을 기울여야 한다. 설교 요약은 통상 주일 낮 설교를 요약하는데, 큐티를 배우고 나면 설교 요약도 D형 QT 방식으로 해오게 한다. 주일 설교를 통해 받은 은혜를 나누면 자연스럽게 분위기가 뜨거워진다. 독서 과제는 훈련생의 연령과 형편에 따라 얼마든지 완급 조절이 가능한 부분이다. 대체적으로는《아프지도 말고 죽지도 말자》^{정천성, 국제제자훈련원}부터 시작해 각 과의 필독도서들을 중심으로 진행한다. 나는 독후감을 제출하는 방식보다는 읽고 밑줄을 쳐오고 좋았던 내용을 발표하는 방식을 선호한다. 사역반에서는《평신도를 깨운다》를 완전 강독한다. 독서 교재는 주교재를 보조하고 훈련생의 시야를 넓혀주는 역할을 한다.

아마도 제자훈련에서 가장 창의적이면서 은혜가 되고 동시에 힘든 것이 D형 QT 숙제일 것이다. 1권 3과에서 처음 배우는 D형 QT는 제자훈련의 승패를 결정할 만큼 중요하다. QT는 매일 하게 하고 D형 QT는 일주일에 한 번 하도록 하는 것이 적당하다. 가장 신경 써서 체크하고 돌봐주어야 하는 것이 D형 QT다. 초기에는 조별로 모여 공동 D형 QT를 하게도 하고 순장과 함께 하게도 한다. 이렇게 하면 초기 D형 QT 울렁증을 극복할 수 있다. 성경은 일 년 동안 한 번 정독하게 하고 매주 읽는 분량을 체크하고 메모지에 질문을 3가지 이상 적어 내게 한다.

생활 숙제는 인도자가 훈련생들의 형편과 상황에 가장 적절하게 대응할 수 있는 영역으로, 지성적인 부분을 강조하는 단편적인 경향에서 벗어나 전인적인 변화로 이끌어준다. 생활 숙제는 교재의 내용과 연결되어야 한다. 마치 D형 QT의 적용처럼 가장 단순하고, 쉽고, 즉시 가능하고, 현실 가능한 것이어야 한다.

이외에도 특별 과제물이 있다. 가령 고난주간 금식이라든가, 사회복지 시설을 찾아가 봉사하는 일 등이다.

나는 첫 시간 생활 숙제는 기도 후원자 세 사람에게 정성을 다해 엽서를 쓰고 선물을 주는 것으로 했다. '하나님 앞에서'라는 셀프 과제물 체크 리스트에 훈련생이 직접 체크하게 하고 제출한 과제물에는 성실하게 답을 달거나 메모지에 개인적인 코멘트를 적어서 돌려준다. 과제물 체크와 점검은 일 년 동안 변함없어야 한다. 매일의 성실함이 모일 때 훈련생의 삶이 변화 쪽으로 이동하기 시작한다.

가이드 6.
제자훈련과 암송

제자훈련은 교육에 머무는 것이 아니라 가르쳐 지키게 하는 '훈련'에 방점이 있다. '가르쳐 지키게 하는 것'^{마 28:20}에서 '가르친다'는 의미의 디다스코_{διδάσκω}는 '지속적인 가르침'으로 반복의 의미를 포함하고, '지키게 하는 것'의 테레인_{τηρειν}은 '지키도록'의 의미로 복종_{Obey}에 가까운 의미를 담고 있다. 즉, 제자훈련은 단순히 지식을 얻고, 깨닫고, 동의하는 데서 머무는 것이 아니라 내면화된 말씀을 생활과 생애를 통해 삶으로 증명해내는 것이다. 그러므로 단기적_{intensive}이 아니라 장기적_{extensive}이어야 한다. 제자훈련에서 단기처방, 임시변통은 귀중한 제자훈련을 망치는 독이다. 그래서 제자훈련은 소위 '급한 성격'의 소유자에게는 맞지 않다. 이런 제자훈련의 특징이 가장 잘 나타나는 커리큘럼이 바로 암송이다. 훈련생들을 면담하면서 제자반에 들어오기 전에 가장 부담스러웠던 것이 무엇이냐고 물으면 많은 훈련생이 암송이었다고 말한다. 제자훈련, 사역훈련 수료 예배 때 수료자들이 성경 60구절과 로마서 8장을 암송하는 것을 보고 질려버렸다(?)는 것이다. 누구나 암송을 부담스러워한다. 그러나 암송은 매우 효과적인 훈련이다. 암송을 통해 얻는 유익은 말로 다 할 수 없다.

성경은 "이 율법책을 네 입에서 떠나지 말게 하라"수 1:8고 한다. 또 말씀은 영적 전투에서 유일한 공격용 무기엡 6:17이다. 즉, 검을 가지는 것이다. 그런데 우리 속의 죄성은 암송을 회피하려고 한다. 말씀마저도 편하고 쉽게 얻으려고 하기 때문에 암송을 하려면 끊임없이 자신 안의 죄성과 싸워야 한다. 어쩌면 암송은 말씀을 회피하려고 하는 악한 본성과의 대결이라고 할 수 있다. 그래서 나는 암송을 '말씀훈련의 피트니스'라고 말한다. 암송을 잘하면 분명히 말씀 근육이 생긴다. 그래서 성경 읽기, 큐티, 암송은 말씀훈련의 3종 세트이자 제자훈련의 철인3종경기다. 이 관문을 잘 통과하면 말씀의 '철인'이 되는 것이다. 제자훈련에서 암송이 성공을 거두기 위한 몇 가지 방법을 제시한다.

암송 성공 TIP!

① 반드시 암송하라:
암송에는 예외가 없어야 한다. 쉰다든가, 건너뛴다든가, 간단히 점검하고 지나간다든가 하는 순간 암송은 무너진다. 가장 하기 싫은 것이 암송이기 때문이다. 인도자는 이 유혹을 견뎌야 한다. 심지어 1박 MT나 소풍, 방학, 졸업 여행에서도 암송은 군가처럼 우렁차야 한다.

② 자주 발표하라:
다양한 발표 기회를 제공한다. 제자반에서는 말할 것도 없고, 가족 앞에서 암송하는 것을 영상으로 찍어 올리고, 여름방학 들어갈 때와 가을 개강식을 할 때도 특송처럼 제자반의 암송 순서를 꼭 넣는다.

암송은 제자반을 처음 시작할 때부터 틀을 잘 잡아야 한다. 암송카드는 일일이 펀칭을 해서 고리에 꿰어서 주고, 전체 암송 구절은 코팅해서 나누어 준다. 또 자녀나 배우자의 음성으로 암송 구절을 녹음해서 출퇴근 시간에 듣게 하고 성구암송 앱을 이용하는 것도 좋다. 나는 제자반 60구절 외에도 시편 1편과 23편 등을 암송하게 한다. 기초적인 말씀일 뿐만 아니라 생활 가운데서 언제나 힘을 주기 때문이다.

제자반 첫 여행! 1박 2일

인천은혜의교회(박정식 목사 시무)가 제자반 초기에 강원도로 1박 수련회를 다녀온다는 이야기를 듣고 그때부터 제자반 1박 수련회를 시작했다. 1박 수련회가 가져다준 은혜와 효과는 생각보다 컸다. 훈련 초기에 다소 밋밋하기 쉬운 제자반에 강한 활력과 단결심을 주었으며 인도자와 훈련생 그리고 훈련생 상호 간에 이해와 사랑, 섬김, 끈끈한 소속감을 심어주는 데 더할 수 없이 기여했다. 한마디로 제자반은 공동체로 묶이고 '의리'가 형성되었다. 물론 32주 혹은 35주의 제자훈련 과정에서 교회마다 봄 MT나 가을 소풍, 졸업여행, 성지순례를 가기도 하지만 1박 수련회는 제자반을 시작하고 한 달 이내에 다녀온다는 점에서 야유회나 MT와는 다른 성격을 지니고 있다. 1박 수련회는 제자훈련하는 모든 교회에서 시행하는 프로그램은 아니지만, 개인적으로 얻은 유익이 커서 가이드에서 나누려고 한다.

제자반 1박 수련회는 왜 필요한가? 막상 인터뷰, OT, 입학예배, 첫 수업, 간증 나눔으로 제자반이 시작되지만, 초반에는 인도자와 훈련생 그리고 훈련생 상호 간의 이해가 부족한 상태이고, 소속감과 배려, 제자훈련생으로서 마인드가 제대로 세워지지 않아 훈련이 다소 건조하고 밋밋하게 흐를 가능성이 있다. 또 초기 탈락자가 나오고 훈련생의 성격 차이로 마음이 불편하면서도 표현하기도 어렵고, 반장과 총무의 리더십도 아직 형성되지 않은 상태이다. 뿐만 아니라 쏟아지는 과제물에 대한 부담감으로 입학예배 때의 설레고 기대로 가득 찼던 마음으로 돌아가기 위한 계기가 필요한 시점이다. 그래서 1박 수련회를 통해 제자반 운영 초기의 어려움을 일소하고 활력을 불어넣어 여름방학까지 흥분과 열정으로 달려가게 하려는 것이다.

제자반 1박 수련회의 유익한 점을 몇 가지 생각해보면, 첫째, 서로에 대한 이해를 기반으로 잠재한 갈등을 해결할 수 있다. 제자반 첫 시간에 간증을 나누지만 아직 서로의 성격과 특징을 잘 모르기 때문에 오해와 갈등 요소를 안고 제자반이 진행될 수 있다. 잠재된 갈등은 분위기를 흐리고, 경직된 분위기에서는 표현과 나눔을 주저한다. 그러나 1박 수련회에서 간증보다 더 깊은 삶의 이야기와 비전을 나누면 서로의 연약함을 이해하며 감싸주게 된다.

둘째, 자신의 아픔을 치유하고 비전을 선포함으로써 훈련 목표가 분명해진다. 1박 수련회에서 밤이 깊도록 살아온 과거와 인생의 저점低點과 고점高點을 나누고 제자로서의 비전을 선포하면서 느슨해지기 쉬운 제자반 초기에 한 번 더 결단하는 계기를 맞는다. 훈련생 대부분 힘들었던 과거와 제자의 비전을 공개적으로 이야기하는 시간이 1박 수련회다. 수련회를 진행할 때는 치유수양회나 DTS처럼 흘러가지 않도록 유의해야 한다.

셋째, 공동체를 경험하고 소속감과 연대감을 느낄 수 있다. 치열하고 신나는 운동, 윷놀이, 음식 만들기 등의 수련회 프로그램으로 은혜로운 공동체를 경험하고 강한 소속감을 경험한다.

가이드 8.
삶을 변화시키는 생활 숙제

제자훈련에는 지성적 영역과 감성적 영역, 의지적 영역이 있다. 교재 예습과 독서, D형 QT, 암송, 설교 요약과 같은 지성적인 영역과 기도와 묵상, 예배 생활과 같은 영적·감성적 영역, 그리고 생활 숙제와 같은 의지적 영역이 조화와 균형을 이룰 때 믿음의 내공이 생기고 근육이 단련된다.

교재를 다루고, 교리와 QT를 배워나가는 것이 입력_{input}이라면 생활 숙제는 출력_{output}이다. 교재와 교리가 비료라면 생활 숙제는 열매이다. 예수님은 "열매로 그들을 알리라"_{마 7:20}고 하셨다. 훈련생의 삶을 변화시키는 생활 숙제 몇 가지를 살펴보자.

먼저, 내가 20년간 제자훈련을 하면서 가장 보람 있었던 생활 숙제는 5월 가정의 달에 '부모님 찾아뵙기'였다. 형제는 처가_{妻家}를, 자매는 시가_{媤家}를 1박 일정으로 방문하는 숙제인데, 이를 위해 4월 한식_{寒食}을 전후로 사전답사를 다녀오게 한다. 부모님 댁에 방문하여 무엇이 필요한지를 살피는 것이다. 형제들은 장인·장모님을 위해 직접 앞치마를 두르고 음식을 해서 대접하고 그분들 발을 씻어드리고 기도를 해드린다. 자매들 역시 시부모님께 음식을 해서 대접하고 용돈과 작은 선물을 전달하

고 자녀들과 함께 어버이날 노래를 불러드린다. 푸른초장교회
에서는 이 생활 숙제에 매우 중요한 비중을 두고 진행한다. 한
훈련생은 이 생활 숙제를 통해 10년이나 소식 없이 지내던 부
모님과 상봉하기도 했다. 또 믿음이 없던 부모님이 하나님께 돌
아온 예도 있었다. 이 생활 숙제는 5월 가정의 달에 의미를 더하
고 훈련생에게 전인격적인 변화를 가져다준다. 이처럼 생활 숙
제는 자칫 이론에서만 머물고 실제의 삶은 가려지기 쉬운 교육
의 약점을 커버해준다.

또 하나 생각나는 생활 숙제는 자매들이 남편 구두를 닦아
주거나 작업화나 운동화를 세탁해주는 숙제다. 단순히 구두를
닦는 데서 끝나는 것이 아니라, 새벽기도를 다녀와서 남편의 구
두를 정성을 다해 닦고 구두를 가슴에 안고 기도하게 한다. 일
주일간 작정하고 남편을 위해 기도하는 이른바 '구두특새'를 하
면서 남편이 이 구두를 신고 세상에서 주님 기뻐하시는 바른 길
로 가도록 인도해주시기를 기도하는 것이다. 그리고 그 기도문
을 적어서 내게 한다. 구두특새를 하는 어떤 훈련생 자매들은
닳은 굽을 갈기도 하고 남편에게 새 구두를 선물하기도 한다.

또 3권 과정 '그리스도인의 언어생활'을 할 때, 자신의 언어
생활을 반성하고 새로운 생활을 다짐하는 성명서를 발표하는
숙제에도 좋은 반응이 있었다. 성명서는 세 부를 작성하여 한
부는 배우자에게, 한 부는 인도자에게 주고 나머지 한 부는 거
실에 부착하도록 해서 온 가족이 모였을 때 낭독을 하게 한다.

성명서에는 구체적으로 남편 혹은 아내 그리고 자녀들에게 말로 상처를 주었던 내용을 언급하고 정중한 사과와, 앞으로 어떻게 달라질 것인지 결단과 약속을 담게 한다. 온 가족 앞에서 정중하게 낭독한 뒤에는 자신의 언어생활을 조심하게 되고, 그러면서 많이 좋아졌다는 소식을 듣는다.

생활 숙제도 제자훈련의 중요한 축이다. D형 QT 숙제만큼이나 중요하다. 인도자는 이 숙제로 인해 변화될 훈련생들을 그려보면서 생활 숙제를 구체적으로 내야 한다. 그리고 숙제의 취지를 설명해주고 동기를 부여해야 변화가 일어난다.

가이드 9.
생활 숙제의 사계

종종 제자훈련discipline을 제자교육education이라고 하는 분들에게 나는 꼭 제자훈련이라고 말해줄 것을 정중하게 부탁드린다. 훈련과 교육에는 큰 차이가 있기 때문이다. 교육教育은 가르치는 것이지만, 훈련訓鍊은 가르쳐 지키게 하는 데 그 목적이 있다마 28:20. 제자훈련은 교실에서만 끝나는 것이 아니라 일상에서 증명되어야 한다. 그런 의미에서 생활 숙제는 제자훈련의 전유물 혹은 제자훈련의 뚜렷한 특징trademark 가운데 하나라 할 수 있다.

인도자는 생활 숙제를 통해 훈련생들이 전인격적으로 성장하도록 세심한 관심을 가져야 한다. 또한 더 세분화하여 지적, 영적, 인격적, 정서적, 관계적, 경제적, 사회적 측면에서 더 성장하고 변화된 모습을 보이도록 지도해야 한다.

생활 숙제에는 여러모로 유익한 점이 많다.

첫째, 생활 숙제는 의지를 길러준다. 처음에는 의지를 동원하는 데 미숙한 훈련생이 많다. 아는 데서 그치는 것과 숨으려고 하는 감정을 다독여서 생활 숙제로 실천하는 일은 이성의 뼈를 꺾어 말씀에 순종하는 사람으로 세워나가는 데 꼭 필요한

코스이다.

둘째, 생활 숙제는 말씀을 생활 현장, 삶의 장소로 옮겨오게 한다. 수업에서는 가정, 직장, 섬김, 절제, 효도, 자녀양육 등 삶의 각 부분을 커버할 수 없다. 그러나 생활 숙제는 말을 듣고 나서 현장으로 찾아가 실천하는 '현장학습'과 같다.

셋째, 생활 숙제는 길고 긴 제자훈련에서 청량제 역할을 한다. 일종의 특별수업인 셈이다. 연습만 하고 실전에 사용할 수 없다면 학습의 흥미는 떨어진다. 하지만 생활 숙제는 정식경기를 앞두고 연습했던 것을 실제 시합에 나가 필드에서 뛰는 것과 같다.

넷째, 생활 숙제는 훈련생뿐만 아니라 훈련생의 가족과 직장 동료들, 소그룹 공동체의 다른 지체에게까지 파급효과를 가져온다. 섬김을 받은 가족과 직장동료에게 훈련생의 정체성을 확인시키는 효과도 있다.

생활 숙제를 낼 때 주의할 사항이 있다. 숙제의 내용이 아주 구체적이어야 한다는 것이다. 가정의 달 숙제를 내면서 "가족들에게 잘해주자" 하는 식으로 해서는 안 된다. 매뉴얼이 분명해야 한다. 또 현실 가능한 숙제를 내야 한다. 훈련생의 상황을 고려해서 실천 가능한 차원의 숙제를 내야 한다. 또한 성경적이고, 신학적으로 문제가 없어야 한다. 생활 숙제는 교재의 내용과 제자훈련 목적과 동일한 흐름을 가져야 한다. 가령, 'ㅇㅇㅇ를 ㅇㅇㅇ하라'는 식의 숙제는 제자훈련의 범주 안에 있는 내용이라 볼 수가 없다. 그리고 생활 숙제를 낸 후에 그 결과를 세심하게 체크하고 최선을 다한 훈련생에게는 칭찬을 아끼지 않는다.

봄

푸른초장교회에서는 제자훈련 입학예배가 2월 첫째 주에 있고 봄 학기가 2월부터 6월까지, 가을 학기는 9월부터 12월까지 진행된다. 물론 훈련생은 1월 OT를 비롯해서 입학 전부터 필독 서적을 읽는 등의 준비를 한다. 봄 학기는 제자훈련의 틀을 만들어가는 중요한 시기이다. 봄 학기의 생활 숙제를 살펴보면 다음과 같다.

- 입학예배를 위한 몸가짐, 마음가짐 준비하기: 이발이나 머리손질, 입학예배 때 입을 옷 스스로 다림질 등.
- 순장, 기도 후원자에게 감사 카드 보내기, 순장님께 반찬 선물이나 간단한 마음의 선물 증정하기.
- 직장에 30분 일찍 출근해서 사무실 청소하기.
- 설날을 맞아 집안 복음화를 위한 계획 제출하기, 설날에 설거지 봉사하기.
- 3월 첫째 주 봄맞이 집안 대청소하기, 집 안에 기도의 골방 만들기.
- 태신자, 순장, 힘들어하는 교우에게 봄나물 반찬 선물하기.
- 새학기를 맞아 자녀들에게 맛있는 간식을 해주기.

- 가정의 달 특별 생활 숙제: 남편은 처가 방문, 아내는 시댁 방문.

- 가족에게 봄맞이 보양음식 만들어주기.

- 남편 구두 닦아주기. 아내를 대신해 설거지하기, 분리수거, 쓰레기 버리기.

- 배우자와 함께 백화점에 가서 옷 사주고 외식하기.

여름

제자반의 여름은 6월 한 달 막바지 수업과 함께 지나간다. 푸른초장교회는 여름방학 전에 2권 과정을 마친 후 교리 시험을 친다. 훈련생들은 이 시험을 '고시'라고 부른다. 그만큼 힘들기 때문이다. 여름방학을 앞두고 훈련생들은 독서실을 예약하고 도서관을 찾아 선배들의 시험지와 요약지를 들고 '열공모드'에 돌입한다.

여름 생활 숙제의 하이라이트는 전도 집회를 앞두고 태신자에게 구체적인 섬김을 실천하는 것이다.

- 헤븐 튤립축제(푸른초장교회 옥상에서 열리는 축제)에 태신자 초대하기.

- 태신자와 함께 식사하기.

- 힘든 교우와 이웃을 대신해 시장보기.

교회에서 진행하는 전도 매뉴얼도 있지만 훈련생은 매주 태신자를 섬기는 구체적인 생활 숙제를 진행해 나간다. 방학 중에는 별도의 생활 숙제가 없지만 방중 생활에 대한 기준은 있다. 대표적인 것이 은혜로운 휴가 보내기다. 훈련생들이 마음 놓고 훈련에 임할 수 있도록 배려해준 가족에 대한 보답 차원에서 제대로 된 휴가를 기획하고 균형 잡힌 휴가를 다녀오는 것이다.

가을

가을은 결실의 계절로, 제자훈련은 생활 편제 3권으로 진입한다. 따라서 생활 숙제의 중요성이 어느 때보다 중요한 시기이다.

- 새생명축제에 태신자 초청하기.
- 가정예배 인증 사진 올리기.
- 추석을 맞아 집안 복음화를 위한 계획 제출하기.
- 추석에 설거지 봉사하기.
- 고3 자녀가 있는 가정의 부모 격려하기.
- 자녀들과 지역 도서관 다녀오기.

가을 생활 숙제의 하이라이트는 가정에 대한 점검이다.

푸른초장교회는 12월에 모든 양육 체계를 수료한다. 연말의 정서와 어우러져 유종의 미를 거두기 위한 준비를 하는 것이다.

- 제자반 크리스마스 파티 준비하기.
- 성탄카드 보내기.
- 제자반 기도 후원자에게 감사의 선물과 엽서 보내기.
- 거실 성탄장식 인증 사진 올리기.
- 제자반 버킷리스트 달성표 작성하기.

가이드 10.
독서 교재 활용법

제자훈련은 소수정예화 전략으로 움직인다. 옥한흠 목사님은 《평신도를 깨운다》에서 제자훈련은 소수를 깨워 다수를 동력화하는 것이라고 일갈했다. 그러므로 제자훈련은 평신도 지도자를 양성하는 과정이다. 고도로 훈련된 정예 지도자 양성은 모든 시대와 국가와 단체의 흥망성쇠를 결정하는 열쇠였다. 특히 제자훈련 목회에서 헌신되고 성숙한 평신도 지도자 양성은 제자훈련의 핵심이며 예수 그리스도께서 펼치고자 하셨던 하나님 나라 운동의 핵심 전략이었다.

역사적으로 '독서'는 일찍부터 기독교 경건 훈련의 중요한 축이었다. 특히 독서는 수도원 운동에서 경건의 효과적인 도구였다. 책을 필사하던 시절이어서 수도원마다 소장한 장서의 양은 수도원의 명성과도 통했다. 또한 청교도 운동에서도 경건서적 읽기는 기독교 명문가정의 오랜 전통이었다.

제자훈련은 기본적으로는 경건 훈련, 교리 훈련, 생활 훈련으로 구분되지만 전인적 훈련이라는 측면에서 훈련은 그야말로 끝이 없다. 이런 면에서 독서 교재의 활용은 자칫 단조로울 수 있는 제자훈련에 절묘한 균형을 가져다준다.

제자훈련이 시작되면 정천성 집사가 쓴《아프지도 말고 죽지도 말자》라는 책을 읽고 독후감을 낸다. 인도자는 처음부터 훈련생에게 책 읽는 즐거움을 알게 할 필요가 있다. 독서는 길고 지루한 일 년간의 제자훈련 과정을 지치지 않고 따라가게 할 청량제 같은 역할을 하기 때문이다. 그러나 책 읽는 즐거움을 모르는 훈련생 입장에서 책을 읽고 독후감을 내라는 식의 훈련은 숙제 항목이 하나 늘어나는 것일 뿐이다.

책 읽는 즐거움을 체득하는 건 쉬운 일이 아니기에 나는 오히려 더 단순한 방법을 사용한다. 일단 독서 교재는 전체가 함께 읽는 것으로 진행한다. 한 주 동안 두세 챕터를 읽으면서 밑줄을 그어와 자신에게 깨달음을 주었던 부분을 읽고 나누게 한다. 그러고는 다 함께 처음부터 윤독하면서 인도자가 사이사이에 코멘트를 하는 방식이다. 이렇게 하면 시간은 다소 걸리지만 교재의 내용을 입체적으로 이해할 수 있다. 이런 시간이 누적되면서 책을 읽고 소감을 나누는 것이 자연스러워지고, 모두가 책 읽기의 즐거움과 유익으로 빨려 들어가는 것을 경험했다.

사역훈련에서는《평신도를 깨운다》를 이런 방식으로 처음부터 끝까지 함께 읽어나간다. 사역훈련 교재가 이 책 안에서 나왔기 때문이다. 제자훈련이나 사역훈련 교재를 보면 각 과마다 독서 교재를 안내하고 있다. 물론 모든 교재를 소화하는 것은 물리적으로 불가능하다. 그래서 나는 상반기, 하반기에 각각 한 권씩 주교재를 선정하여 완독하고, 각 과의 교재에서 필요한 부분만 나누거나 소책자는 전부 읽는 방식을 사용한다.

독서 교재는 영적인 유익이 분명해야 하기 때문에 인도자가 내용에 확신이 있는 것으로 선정한다. 내가 진행해 온 독서 교재를 몇 권 소개한다.

제자훈련 독서 교재

《기도의 능력》, E.M. 바운즈/ 생명의말씀사

《내 마음 그리스도의 집》, 로버트 멍어/ IVP

사역훈련 독서 교재

《평신도를 깨운다》, 옥한흠/ 국제제자훈련원

《한 사람이 또 다른 사람을》, 앨리스 프라일링/ IVP

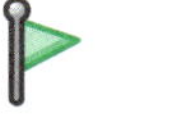

매삼주오毎三主五 성경 읽기

제자훈련의 몇몇 과제 가운데 어쩌면 가장 기본적인 숙제 하나가 잊힐 위기에 있다. 다름 아닌 성경 읽기다. 기본적으로 제자훈련 교재의 부록 편에 성경 읽기 체크표가 있지만 우선순위에서 밀려 정작 성경 1독도 하지 못한 상태로 제자반이 끝나기도 한다. 기도생활, QT, 성경 읽기, 가정예배 등은 제자반 수료 이후에도 좋은 습관으로 남겨 평생을 지속해야 하는 항목이다.

한국은 OECD 국가 중 독서량이 최하위다. 심지어 국민 10명 가운데 3명은 일 년에 단 한 권의 책도 읽지 않는다. 이런 분위기는 성경 읽기와 무관하지 않다. 그러나 한국교회의 역사는 성경을 빼놓고서 말할 수 없다. 외국 선교사들이 들어오기 전부터 이미 성경을 번역해 보급하였고, 특히 권서colporteur 들은 봇짐에 성경 수백 권을 지고 다녔다. 19세기 말 30명 정도의 권서가 활동하다가 1910년에는 그 수가 238명으로 늘었다. 한국교회는 성경 읽기에 열심이었다. 스코틀랜드가 '맥체인 성경 읽기'라면 한국의 성경 읽기는 '매삼주오'라고 할 수 있다. 평일에는 세 장을, 주일에는 다섯 장을 읽어 일 년에 일독을 하는 것으로, 한국교회 성경 읽기의 기본이자 전통이었다. 주일학교나 청년부, 남녀전도회 모두 성경 읽기를 연간 사업에 포함한 정도였다. 교회 복도에 성경 읽기표를 붙여놓고 스티커를 붙이면서 읽기도 했다.

그렇다면 제자훈련에서 어떻게 성경 읽기를 지도할 것인가?

첫째, 제자훈련에서는 많이 읽는 것보다 매일 읽는 습관을 몸에 붙이는 것이 중요하다. 얼마 전 제자반을 수료한 지 2년이 지난 자매 제자반과 식사할 기회가 있었는데 한 자매는 제자반 때 배운 대로 수료 후에도 매일 오후 5시에 온 가족이 성경을 읽는다고 말했다. 이처럼 제자훈련은 가르치는 데서 끝나는 교육이 아니라 지키게 하는 훈련이다. 이론으로는 알더라도 실행에 옮기지 못하면 어떤 의미에서 제자훈련은 실패했다고 할 수 있다. 그러므로 인도자는 제자반 때 매일 성경을 읽는 훈련을 통해 성경 읽기를 습관으로 만들어 평생을 말씀의 사람으로 살아가도록 세우는 것을 목표로 삼아야 한다. 제자훈련에서는 수료할 때까지 한 번 정독하는 것을 목표로 잡는 것이 좋다. 설교 요약, D형 QT 등 여타 과제물 분량을 고려할 때 1독이 적당하다.

둘째, 성경 읽기를 통해 성경의 맛을 알게 해주어야 한다. 훈련생은 각종 과제를 정말 '숙제'로 여길 수 있다. 부담감으로 겨우 숙제를 하다 보면 어쩌면 성경으로부터 더 멀어질 수도 있다. 그러므로 인도자는 지도할 때 성경의 맛을 깨우치도록 해야 한다. 문제는 제자반 커리큘럼과 과제물 대부분이 이미 성경과 관련이 있다는 것이다. 설교 요약, D형 QT, 제자훈련 교재가 모두 성경을 기반으로 하는 것이다 보니 '성경 읽기'에 딱히 어떤 특징이나 동기를 부여하는 것이 어렵다. 가장 좋은 방법은 제자반 전체가 동일한 진도로 함께 성경을 읽되 인도자도 함께 읽고 나누는 것이다. 나는 제자반 성경 읽기 밴드(SNS)를 따로 만들어서 나눈다. 매일 같은 범위를 읽고 질문을 올리면 답변을 해주고, 느낀 점과 내가 뽑은 구절을 올린다. 개척 초기에는 아예 함께 모여서 성경을 읽었다. 갓 등록한 초신자와 요한복음 읽기반을 운영하곤 했는데 지금은 그들이 모두 순장으로 든든히 서 있다. 제자반 성경 읽기의 승패는 훈련생에게 있는 것이 아니라 인도자에게 있다. 인도자가 OT 시간부터 수료하는 날까지 의지를 가지고 지도해야 한다. 또 특강을 통해 신구약 성경 개관 등을 가르치고 성경 사전과 관주 활용법 등을 익힐 수 있도록 지도해야 한다. 또한 성경을 읽다가 받은 은혜를 나눌 때 인도자는 후한 칭찬과 격려로 동기를 부여해야 한다.

셋째, 성경 읽기가 QT와 가정예배로 연결되게 해야 한다. 성경 읽기는 기본적으로 개인이 관심을 기울여야 할 문제이다. 그런데 새벽기도회 따로, QT 따로, 성경 읽기 따로 하는 것은 현실적으로 어렵고 효과적이지도 않다. 자기 상황에 최적화할 필요가 있다. 아래 두 가지 대안을 제시한다.

이와 함께 주일 오후나 저녁에 온 가족이 함께 가정예배를
드리며 윤독하는 방법이 있다. 한 사람이 5절씩 돌아가면서 읽
되 25장의 분량을 주일마다 읽으면 온가족이 1독을 하게 된다.
이렇게 하면 약 1시간이 소요된다.

푸른초장교회는 올해 봄철 40일 특새를 성경일독 특새로 진
행했다. 성경 속독기를 틀어놓고 하루에 30장 정도를 음성으로
들으며 온 성도가 눈으로 따라가며 읽는 것이다. 한 장이 끝나
면 모두가 "아멘"이라고 외친다. 이렇게 40일 동안 신구약을 1
독하는 것이다.

성경 읽기는 기본이다. 기본이 튼튼해야 좋은 집을 지을 수
있다. 그런 의미에서 성경 읽기는 사소해보여도 제자훈련의 승
패를 결정하는 바로미터barometer가 된다. 1880년대 한글로 된
성경이 전국에 배포되기 시작한 후에야, 1907년에 와서 평양
대부흥이 일어났다. 웨일즈 지방에서는 대영성서공회가 1804
년부터 성경을 집중 보급하기 시작했고, 급기야 1904년 웨일즈

대부흥이 일어났다. 우리가 아는 모든 부흥은 성도들이 직접 성경을 읽은 후에 일어났다. 올해도 각 교회 제자반마다 성경 읽기 붐이 일고 부흥의 역사도 함께 일어나기를 기대해본다.

가이드 12.
D형 QT 지도

제자훈련에서 가장 길고, 집요하게 씨름하는 것 중 하나가 바로 D형 QT다. D형 QT의 중요성은 말로 다 설명할 수 없을 정도이다. 중요한 만큼 지도하는 것도 어렵다. 이런 사정은 훈련생 역시 마찬가지다. D형 QT가 왜 힘든가? 첫째, 시간이 많이 걸린다. 제대로 D형 QT를 해내려면 몇 시간을 매달려야 한다. 둘째, 막막하다. 성경 배경 지식에 깜깜한 데다 해석은 더 어렵다. 셋째, 말씀 앞에 자신을 드러내는 것과 일상에 적용하는 일이 힘들다. 인도자가 D형 QT를 제자훈련에서 중요한 위치에 두고 진행해야 하는 이유다.

D형 QT 준비 작업

제자훈련 교재 제1권에서는 묵상의 방법론, 바로 기도와 QT를 다룬다. 제자훈련 시작 단계에서 QT를 만나는 것이다. 인도자는 처음부터 차근차근 인내하며 지도해야 한다. 나는 이 부분을 다룰 때 도제식으로 이끌어간다. 함께 성경을 읽고, 느낀 점을 나누고 성경의 용어·지명·인명을 찾고 연구해오기, 단락 구분하기, 주제별 연구(가령, 사도행전 9장, 22장, 26장에 나타난 바울의 회심 사건 비교)를 시킨다. 가장 기초적인 것부터 하나씩 진행해서 2권이 끝날 때까지 계속 세분화해서 진행한다. 성경 묵상, 특히 D형 QT는 1권(6주 과정)만으로 마스터하기에는 현실적으로 힘들기 때문이다. 이 부분을 인도하려면 인도자가 D형 QT에 관해 강의를 할 만큼 실력을 지녀야 한다. 평소 설교를 통해서만 만났던 목사님과 테이블에 둘러앉아 하나씩 배우고 묻고 대답하면서 훈련생들은 말씀의 깊은 세계로 들간다. 본격적인 D형 QT를 위해 단권 성경 배경 주석과 성경사전, 관주성경을 갖추게 하고 D형 QT 노트에 적어나가게 한다.

D형 QT 훈련 방법

나는 훈련 초기에 제자반, 사역반 연합으로 꼭 신구약 세미나를 진행한다. 성경에 대한 기본적인 이해를 높이고, 성경연구에 흥미를 갖게 하려는 목적이다. 이런 기초적인 작업 없이 D형 QT 방법론으로 바로 들어가면 묵상과 연구가 피상적이고 주관적이 된다. 그러면 머지않아 QT는 피곤한 숙제로 남는다. 나는 제1권 세 번째 시간부터 QT에만 1-2시간을 할애한다. D형 QT 숙제는 매주 한 편을 제출하게 하는데 선택된 본문으로 D형 QT를 하는 것만으로 성경 전체를 훑어볼 수 있도록 다양한 본문을 다룬다. 그러면 D형 QT를 넘어 신구약 개관까지 공부하는 효과를 얻을 수 있다.

나는 종종 'QT 수련회'도 다녀온다. 편안하고 조용한 펜션을 잡아서 1박 2일 동안 QT만 강의하고, 실습하고, 나누고 돌아온다. 출발할 때는 표정이 어둡다가도 돌아올 때는 희열로 모두 얼굴이 빛난다. 1박 2일 일정으로 QT 수련회를 갈 여건이 안 된다면 조용한 카페에 모여 4-5시간 동안 집중적으로 QT 실습을 한다. 조별로 앉아 커피를 마시며 말씀을 나누다 보면 시간이 훌쩍 간다. QT를 점검할 때는 색이 있는 펜으로 첨삭을 하고 격려하는 포스트잇도 붙여준다. "날마다 묵상이 발전하고 있습니다"라는 멘트는 훈련생에게 힘을 준다. 그리고 매주 한 편의 우수 QT를 발표하고 시상도 한다. 이때 골고루 상을 받도록 배려해야 한다.

D형 QT는 군인의 천리행군과 같다. 잘 소화했을 때 얻는 수확이 눈부시다. 제자훈련에서 사역훈련까지 계속 이어지고, 순장반에 들어와서도 계속된다. 평신도 지도자로서 말씀으로 섬기는 자가 되려면 결코 외면해서는 안 되는 숙명적인 과제이다. 그러므로 인도자는 강요가 아닌 설득으로, 또 인내하면서 칭찬과 격려, 동기부여, 공감으로 이끌어야 한다.

D형 QT 본문은 신약과 구약을 번갈아가면서 선정했고, 책별 개관을 볼 수 있도록 주로 1장을 많이 선택했다. 분량은 처음에는 A4 앞뒤 한 장을, 중간쯤에는 두 장을, QT가 어느 정도 자리 잡았을 경우는 다시 한 장으로 잡았다. 제자훈련은 D형 QT와 암송만 없으면 천국(?)이라고 하는 말도 들었다. 그러나 D형 QT는 훈련생을 말씀의 세계로 인도하며 말씀이 꿀송이보

 단단한 교회

다 달다는 것을 깨닫게 한다. 인도자는 훈련생을 바꿀 수 없지만 말씀은 사람을 변화시킨다. 인도자 역시 D형 QT를 지도하면서 설교가 강해지고 함께 은혜를 받는다. D형 QT 자체가 말씀을 붙들고 치열하게 씨름하는 것이기에 이 과정을 잘 통과한 사람은 놀라운 변화를 체험한다.

칼뱅은 제네바에서 사역할 때 열 번의 설교를 듣는 것보다 성경연구모임콩그레가시옹, Congrégation에 한 번 참석하는 것이 낫다고 했다. 한 테이블에 둘러앉아 말씀을 나누는 것은 제자훈련의 강점이다.

가이드 13.
사역반 교회 탐방

전투 비행사 한 명을 양성하는 데에는 대략 50억의 비용이 든다고 한다. 그래서 F-5기의 경우 조종사 생환을 위해 조종사 사출좌석에만 5억 원가량 사용한다. 위기의 순간에 빛나고, 현명하며, 지혜롭고, 용기 있는 지도자 한 명이 나라를 구하기도 하기 때문이다.

제자훈련은 보편 교육이 아니다. 전 교인 대상 세미나나 교양 함양 워크숍도 아니다. 제자훈련은 작은 예수, 평신도 목회자를 세우는 일이다. 그러므로 제자훈련의 사활은 지도자 양성에 달려 있다. 제자반을 거쳐 사역반에 올라온 훈련생은 어느 정도 검증이 된 예비 지도자이다. 이들은 다양한 사역 현장에 배치된 초급장교와 같다. 그러므로 보는 눈, 듣는 귀의 수준이 달라야 하고, 느끼고, 분석하고, 판단하고, 대안을 세우는 수준도 달라야 한다. 사역반에서는 교회론과 소그룹 환경과 사역에 대한 이론 수업을 하지만 더 중요한 것은 현장을 느끼고 배우는 데 있다. 현장 체험의 필수코스는 소그룹 인도 실습과 교회 탐방이다.

깊어가는 어느 가을, 아침 일찍 삼삼오오 모여 탐방 교회로

향하던 훈련생들이 눈에 선하다. 긴장감과 두려움, 설렘을 안고서 각기 정해진 탐방 교회에 다녀와서 흥분된 마음을 토해놓던 그들을 잊을 수 없다. 그렇다면 사역반 교회 탐방은 어떻게 진행하면 좋을까? 교회 탐방의 A에서 Z까지 살펴보자.

예비교육

사역반 교회 탐방은 단순히 다른 교회를 둘러보고 오는 차원이 아니다. 탐방의 계획 단계에서 보고까지 예비 지도자로서 교회의 질서와 지도자다운 교양과 품격을 동시에 배워야 한다. 그러므로 인도자는 당일 탐방 시 옷차림부터 인사, 대화, 예절까지 자세하게 가르친다. 예비교육에서 가르칠 항목은 교회 탐방의 이유, 탐방 신청 방법, 탐방 교회에 대한 사전 정보, 기본적인 예절과 질서, 탐방 체크 리스트 작성법 등이다.

언제, 어디를, 어떻게 가야 하나?

나는 사역반 교재 제3권 과정을 하면서 교회 탐방을 진행한다. 대략 가을에 접어들면서 탐방이 시작되는데 사역반이 2개라면 3-4개 정도의 교회를 선정하고 한 교회당 5-6명 정도가 다녀오도록 한다. 대상 교회는 해당 지역 한 곳, 타 지역 두 곳 정도로 하고 본 교회와 동일한 규모 한 곳, 중형, 대형 교회 각각 한 곳으로 한다. 대상 교회가 정해지면 교역자가 사전 접촉을 하고 탐방 팀장이 정식으로 신청서를 보낸다. 탐방이 허락되면 명단과 탐방 시 협조 사항 등을 발송한다. 이렇게 탐방 교회의 허락을 받고 난 후 팀별로 대상 교회에 대한 사전조사와 체크 리스트를 만들고 전체가 탐방할 내용과 각자 조사할 내용, 이동 수단, 식사 문제, 탐방 감사헌금과 간단한 선물 전달, 사진 촬영과 같은 세부 내용을 결정한다. 출발 전 반드시 교회에 모여 교역자가 기도한 후 파송받도록 하고, 탐방 명찰을 착용하도록 한다. 탐방 명찰에는 '○○교회 사역반 교회 탐방팀, 집사 ○○○'라고 쓴다. 대부분 탐방 교회의 주일예배에 참석하여 광고 시간에 환영을 받으므로 의상을 정장으로 잘 준비해야 한다.

탐방 체크 리스트

탐방 체크 리스트는 그동안 배운 교회론을 실제 현장에서 확인 후 평가하는 과정에서 필요하며 건강한 교회론을 세우는 데 매우 중요한 요소다. 먼저 홈페이지 등을 통해 사전 정보를 파악하고 현장에서의 점검 사항을 체크 리스트 항목으로 선정한다. 이때 분위기, 목회 철학, 강점과 문제점, 지역과의 연관성 등을 종합적으로 분석해야 한다. 큰 항목은 예배, 교육, 봉사이고, 예배 부분에서는 안내, 주보와 홈페이지, 찬양대, 예배 환경과 분위기를 알아보고 교육 부분에서는 교육 시설과 교육부서 현황, 교사 기도회, 교육기관 예배와 분반공부 그리고 새가족 교육 등을 살펴본다. 또 봉사에는 주차, 식당, 카페 등을 살펴보고 봉사자의 복장, 팀워크 등을 본다. 종합적으로는 담임목사의 목회 철학과 비전을 듣고, 장로 혹은 봉사자의 교회에 대한 소개와 자랑을 청취한다. 6명이 한 교회를 탐방할 경우 두 사람씩 한 조로 예배, 교육, 봉사를 살펴보게 한다. 탐방 현장에서는 간단한 종이에 메모하도록 하고 큼지막한 체크 리스트는 들고 다니지 않게 한다. 체크 리스트는 탐방을 마친 당일에 모여서 작성하고 종합하도록 한다.

탐방보고와 정리

탐방보고회는 사역반 수업 중에 하고, 은혜로운 탐방보고는 예배 시간에 팀장이 간증으로 발표한다. 탐방보고는 사역반의 종합적인 교육이 이루어지는 현장이면서 훈련생 각자의 교회론이 드러나는 순간이기도 하다. 때로는 우려할 정도로 부정적이거나 편향된 보고가 있는가 하면 겉모습만 보고 판단한 경우도 있다. 그런가 하면 아주 균형 잡히고 건강한 교회관을 느낄 수 있는 보고도 있다. 그러므로 인도자는 적당한 칭찬과 조언으로 훈련생 모두가 건강한 교회론을 갖도록 도와야 한다. 이런 시간은 교회에 대해 부정적인 생각이 있는 훈련생들을 부드럽게 지도할 수 있는 너무도 좋은 기회이다. 아울러 자연스럽게 본 교회와 타 교회를 비교할 때에 교회에 대한 애정과 긍지, 소망을 갖도록 인도해야 한다. 탐방보고가 끝나면 앞으로 교회를 위해 어떻게 섬길 것인지에 대한 결단을 나눈 뒤 모두 손을 잡고 합심기도를 한다.

나는 훈련생들이 탐방보고를 할 때, 어느새 잘 자라 있는 모습을 보며 주체할 수 없는 흥분을 느낀다. 제자반에 처음 들어올 때 교회에 대한 상처로 마음을 접었다는 훈련생이 열정적으로 소망을 말하는 것을 보고 있으면 눈물이 나려고 한다. 제자훈련이 한 송이 꽃으로 피어나는 순간이기 때문이다.

교회 탐방은 사실 본 교회를 더 잘 보려는 시도다. 밖에서 보아야 잘 보이기 때문이다. 교회 탐방을 하면서 본 교회를 더 사랑하게 된다. 떨어져 보아야 소중함을 알기 때문이다.

제자반과 여름방학 보내기

나는 신대원 3학년, 30세의 나이에 교회를 개척했다. 그리고 2018년에 교회개척 22주년을 맞았다. 가장 보람된 일, 가장 기억나는 일을 이야기하라면 고민할 것도 없이 제자반과 함께했던 지난날을 꼽는다. 제자훈련을 하는 35주는 빠르게 지나간다. 이것을 단순히 일로 생각한다면 가르치는 자나 배우는 자 모두에게 길고 지루한 시간이 될 것이다. 실상 제자훈련 과정은 빡빡하기로 유명해 일 년이 정신없이 지나간다. 인도자는 제자반 외에도 많은 목회 일정으로 바쁘고, 훈련생도 제자훈련 과제물 등으로 마음의 여유가 없기는 마찬가지이다. 이렇게 하다 보면 인도자나 훈련생이나 자연스럽게 친밀감을 나누는 시간 없이 한 해가 훌쩍 가 버린다.

나는 제자훈련에서 전인적 성장을 말할 때, 정서적 성장, 관계적 성장을 중요하게 여긴다. 지적, 영적, 인격적으로 성장했더라도 정서적, 관계적 성장이 멈춰버린 사람은 가뜩이나 위축된 공동체를 더욱 삭막하게 한다. 여름방학은 이런 부족한 부분을 채워줄 절호의 기회이다. 여기서는 제자반과 여름방학을 보내는 방법에 관해 이야기하려고 한다.

먼저 인도자나 훈련생이 미리 계획을 세운다. 교회 행사도 많고 개인 휴가를 빼면 여름도 결코 길지 않기 때문이다. '제자 반과 여름 보내기' 계획을 세울 때는 수업의 연장이 아닌 좋은 추억으로 남도록 준비한다. 또 제자반의 형편과 연령대를 고려해야 한다. 예를 들면 다음과 같다.

30대 남제자반:
캠핑, 지리산 종주, 계곡 트래킹, 낚시, 소매물도 여행, 한라산 등반 등.

30대 여제자반:
단기 요리 강습, 함께하는 다이어트, 자녀와 함께 워터파크 등.

40대 남제자반:
제주 오름 여행, 천렵, 안동 하회마을 여행, 배낚시, 볼링 시합 등.

40대 여제자반:
기차여행, 뮤지컬 관람, 독서모임, 전주 한옥마을 여행, 동백섬 걷기 등.

방학 모임은 일단 수업의 부담감에서 해방되고, 처음 만나는 사이가 아닌 서로를 어느 정도 파악한 상태이므로 더 깊은 친밀감과 우정을 나눌 기회다. 여름 추억 만들기 진행은 제자반 임원들에게 일임하고 인도자는 훈련생과 많은 대화를 나누는 것이 좋다. 의외로 이때 마음 깊은 곳에 있던 많은 이야기를 털어놓기 때문에 그 이야기를 경청하는 것이 중요하다. 다녀온 후 사진과 영상을 편집해서 사진첩을 만들고, 동영상을 제작해서 공유하면 제자반의 하나 됨이 더욱 깊어진다. 시간을 내기 어려운 제자반의 경우 다음과 같은 모임을 가지면 좋다.

> **삼복순례:**
> 초복, 중복, 말복 날 만나서 보양식을 먹으며 서로 격려하기.
>
> **일일캠핑:**
> 새벽에 출발해서 밤에 돌아오는 일일캠핑하기.
>
> **번개모임:**
> 반가운 사람들과 느닷없이 모여 예정에 없는 추억 쌓기.
>
> **프로야구 관람:**
> 퇴근길 야구장에서 만나기.

어느 해 여름방학이었다. 갑자기 제자반 훈련생들이 너무 보고 싶었다. 여름휴가는 다녀왔는지, 어떻게 지내는지 등 궁금했다. 그래서 '보고 싶다'는 메시지를 보냈더니 야심한 밤인데도 번개로 모이자고 야단이 났다. 결국 모여서 볼링을 치고, 야식먹고, 커피 마시며 밤이 깊도록 이야기를 나누었다. 또 한번은 내가 워낙 천렵을 좋아해서 제자반과 성주계곡에서 1박을 했다. 미리 선발대로 가서 텐트를 치고, 모든 준비를 해놓고 기다렸다. 어둑어둑해지면서 하나둘 텐트로 모여 모닥불을 피워 놓고 새벽별이 떠오르기까지 참으로 많은 이야기를 나누었다. 그다음 날도 계곡에서 살갗이 타도록 물놀이를 했다. 지금도 목양실에는 그 계곡에서 수영복 차림으로 찍은 단체 사진이 걸려 있다. 한번은 책 읽기를 좋아하는 반이 있어서 여름 내내 시원한 동네 커피숍에서 만나 제법 두꺼운 책 한 권을 완독한 적도 있었다. 딱히 정하고 만난 것은 아니지만 제자반과의 방중 활동은 기대감, 청량감, 신선함을 선사했다.

여름방학을 숙제 몇 가지 내주고 끝내기보다는 틈틈이 모여 즐거운 시간으로 함께 채운다면, 친밀감, 깊어가는 대화, 새로운 도전이라는 선물을 한 아름 돌려받을 것이다.

가이드 15.
가을 개강, 이렇게 준비하자

제자훈련은 대개 입학·수료예배, 여름방학, 종강·개강식을 한 번씩 거친다. 여름방학에 들어가기 전 2권 과정을 마치고 교리 시험을 치르는 것으로 종강을 하지만 여름방학을 보내고 가을 개강을 준비하는 것은 또 다른 새로운 출발을 의미한다. 여름방학은 일상 속에서 제자훈련생으로서의 성숙과 변화를 검증하는 시간이다. 그런데 대부분 훈련생은 아직 자리 잡지 못한 경건 훈련과 방학 기간 흐트러진 생활에 실망하는 마음으로 가을 개강을 맞는다. 인도자는 가을 개강 시 긴장감을 안고 세심한 주의를 기울여야 한다. 그렇다면 구체적으로 어떻게 가을 개강을 준비할 것인가?

첫째, 훈련생 한 사람, 한 사람을 세심하게 살피고 격려해야 한다. 가을 개강의 복병은 의외의 탈락자이다. 여름방학 동안에 훈련생의 일상에서 이사, 이직, 질병, 가정 문제, 신앙 갈등 등 많은 일이 일어난다. 그러므로 인도자는 결코 여름방학을 시작하며 종강예배를 드리던 모습 그대로 훈련생을 만난다고 생각해서는 안 된다. 종종 인도자가 훈련생의 변화를 파악하지 못한 상태에서 가을 개강을 맞는 경우가 있다. 특히 이사, 이직,

질병 같은 문제는 심각하다. 또한 가정이나 사업, 신앙적 갈등
은 더 복잡하고 제자반 전체에 영향을 미친다. 그러므로 인도
자는 긴장을 하고 세심하게 훈련생 한 사람, 한 사람을 살펴야
한다. 방중 모임을 견실하게 했다면 사전 파악이 가능하겠지만
그렇지 못한 경우에는 먼저 제자반 반장과 임원들을 만나 제자
반 식구들 이야기를 최대한 듣는 것이 좋다. 그러면 '누구는 해
외를 다녀왔다더라, 누구는 시댁에 어려움이 있었다더라, 누구
는 여름휴가를 못갔다더라' 하는 식으로 파악이 된다. 물론 훈
련생이 겪는 어려움을 더 구체적으로 알려면 일대일로 마음 편
하게 이야기하는 시간을 마련하는 것이 좋다.

둘째, 제자반에 열정의 불을 붙여야 한다. 가을 개강을 맞
으면서 인도자가 겪는 어려움 중 하나가 가라앉은 분위기이다.
입학예배 때의 팽팽한 긴장감과 열정은 사라지고 냉랭한 제자
반을 만날 수도 있기 때문이다. 그러므로 인도자는 여름방학이
라는 일탈을 어느 정도 인정하면서 다시금 제자반 본연의 모습
을 갖추도록 준비해야 한다. 이를 위해 가을 개강 세미나, QT
특강, 교리 특강 등으로 배움의 열정을 깨우는 것을 추천한다.
훈련생은 이런 세미나와 특강을 통해 다시 동기를 부여받고 제
자반에 열심으로 참여하게 된다.

셋째, 인도자 자신의 준비이다. 나는 여름휴가 후 가을 사역
을 앞두고 조용히 묵상과 기도, 독서를 할 만한 장소를 찾는다.
주로 주암산 기도원, 좋은 동산 기도원 등을 찾아 적게는 1박,

 단단한 교회

많게는 3박 정도 머물면서 계획을 세우고, 일정을 점검한다. 이때 설교 계획을 하고 목양과 행정적인 일들을 정리하면서 제자반을 비롯한 양육체계를 세심하게 준비한다. 그리고 목회자로서 그동안 했던 말과 행동들, 태도와 인간관계를 돌아본다. 그러면 하지 말아야 했던 말, 교만했던 태도, 무지한 행동과 어리석었던 일들이 떠오른다. 특히 제자반에서의 내 모습을 들아보게 된다. 이런 반추를 통해 소홀하게 대했던 훈련생, 마음을 받아주지 못했던 일들, 칭찬에 인색했던 순간을 알게 되면 가을 개강 때 훈련생들은 달라진(?) 인도자를 만나게 된다. 더불어 인도자는 영적·정서적·체력적으로도 자신을 끌어 올려야 한다. 인도자 역시 흐트러진 마음을 다잡고 가을 사역 준비를 해야 하는 것이다. 나는 가을 개강을 앞두고 훈련생들에게 메일을 보낸다. 부담되지 않는, 기대감과 따뜻함이 있고 동기부여가 되는 내용을 담는다. 그리고 개강 일자와 가을 학기 계획을 미리 알려준다. 전체적인 공지가 아닌, 개인 메일을 통해 보내면 훈련생에게 조금 더 특별하게 다가갈 수 있다.

'이제 가을이다. 다시 시작이다. 새로운 제자반이다.' 이런 마인드로 가을 개강을 준비하면 좋겠다. 여름이 무더웠기에 가을의 열매는 더 향이 진한 특상품이 될 것이다.

제자훈련 목회에서 방학과 개강은 쉼표와 새로운 프레이즈가 시작되는 순간이다. 입학예배, 봄 학기 종강과 방학 그리고 가을 학기 개강, 수료예배로 이어지는 제자훈련의 흐름에서 인도자나 훈련생 모두에게 매우 중요한 시기이다. 방학에도 과제물이 있고, 방중에도 한두 차례 만나겠지만 방학 동안 인도자나 훈련생이 입학예배 때만큼의 결의를 유지하기란 쉽지 않다.

방학 때 느슨해진 마음을 다잡고 하반기 제자훈련에서 유종의 미를 거두려면 개강을 즈음하여 분위기 전환을 위한 몇몇 조처가 필요하다. 그래서 나는 훈련생에게 개강을 앞두고 그림엽서를 보낸다. 물론 휴가 기간에 이루어지는 일이다. 담임목사가 휴가지에서 개강에 거는 기대감 등을 담아 엽서를 보내면 이완된 열정이 조금씩 회복되고 '아! 이제 개강이 멀지 않았구나' 하고 마음 준비를 하게 된다. 꼭 엽서가 아니어도 SNS를 통해서라도 정서적 스킨십을 하면 개강 시 서먹한 분위기를 면할 수 있다.

푸른초장교회에서는 가을 사역을 앞두고 8월 말에 신앙강독반을 연다. 2018년에는 루터의 종교개혁 3대 논문을 읽었다. 강독반은 저녁시간을 이용해서 3일 정도 진행하는데 지적 욕구가 있는 리더에게 많은 동기를 부여한다. 개강을 앞두고 가장 중요한 준비는 제자반, 사역반, 순장반 전체가 참여하는 개강 세미나를 여는 것이다. 개강 세미나는 전체 특강, 순장과 훈련생의 간증으로 구성된다. 또한 반별 성경퀴즈대회와 창작요리 경연대회를 열고, 만든 음식으로 만찬 시간을 가진다. 가을 사역과 제자반 개강의 하이라이트인 만큼 세심하고 꼼꼼하게 준비해야 얻는 성과도 크다.

가을 개강은 방학 동안 흐트러진 훈련생의 마음을 입학 때의 초심으로 돌이키는 시간이다.

개강을 맞는 인도자에게는 훈련생 한 사람, 한 사람을 더 보살피고 저들을 그리스도의 제자로 잘 세워야 한다는 부담감이 있다. 또 뒤처지는 훈련생에 대한 염려, 지지부진한 암송과 잘 정착되지 않는 QT, 훈련생 간의 하나 됨에 대한 고민 등으로 수료일이 가까울수록 노심초사하게 된다. 그러므로 인도자 역시 가을 사역을 앞두고 말씀과 기도로 잘 준비해야 한다.

나는 봄 학기에 훈련생들이 제출한 숙제, 특히 QT를 집중적으로 읽어본다. 또 입학예배 사진이나 영상 그리고 MT 사진 등을 훑어본다. 그들과 함께할 가을 학기를 설계하는 시간이다. 인도자가 충분히 준비되고 기대하는 마음으로 시작하는 것과 쫓기는 마음으로 개강을 맞는 것에는 분명한 차이가 있다.

가이드 16.
돌발 상황에는 이렇게 대처하라

제자훈련 중에 돌발 상황이 생겼을 때 인도자에게는 위기 관리 능력이 있어야 한다. 제자훈련 과정에는 에피소드나 해프닝 수준에서부터 거의 사고(?)에 이르기까지 다양한 일이 일어난다. 돌발 상황은 분명 인도자나 훈련생 모두에게 위기의 순간이지만 오히려 이런 과정을 통해 제자반은 더욱 단합하고 튼튼해진다. 그러나 위기 대처가 허술하면 분위기를 해치게 되고 그런 상황은 수료예배까지 이어질 수도 있다. 제자훈련을 갓 시작한 인도자는 오랫동안 제자훈련을 진행해온 베테랑 인도자에게 이런 부분에서 자문을 구할 필요가 있다.

질병이나 수술

20년간 제자훈련을 하면서 훈련생이 다치치거나 아픈 경우가 많았다. 수술을 받거나 항암치료를 받는 경우도 있었다. 한 주 정도 빠지는 경우는 심방해서 위로를 해주고, 두 주 이상이면 가능한 경우 병실에서 제자반 수업을 진행하기도 했다. 그러나 전염병이라면 최소한 한 달은 만날 수가 없다. 이 경우 캠코더를 이용해서 훈련 시간을 찍어 보내주고 이메일로 숙제를 받고 전화 통화로 피드백을 했다. 심지어 항암치료를 받는 과정에서도 한 번도 빠지지 않고 훈련에 참석한 훈련생도 있었다. 이럴 경우 훈련 시간을 적절하게 운용해야 하고, 과제물의 수위도 조정할 필요가 있다.

훈련생 간의 갈등

제자훈련 훈련생은 서로 간에 동기의식이 강한 만큼 갈등도 자주 겪는다. 특히 훈련생이 10명을 넘을 경우 같은 반 안에서도 편이 갈릴 수 있다. 일차적으로는 덕스럽고 리더십이 있는 반장과 총무를 선출하는 것이 좋고, 훈련생끼리 후모임을 하는 것은 지양한다. 또 부부 동반 모임도 인도자의 지도 아래서 이루어져야 한다. 일단 훈련생 간에 갈등이 생기면 덮으려고 하기보다는 인도자가 두 사람을 불러 적절한 권면을 통해 해결해야 한다. 대부분 서로를 잘 모르는 상황에서 오해하는 경우가 많으므로 훈련 초기에 1박 수련회를 통해 서로를 잘 이해하는 시간이 필요하다.

더 심각한 갈등은 금전문제이다. 내가 인도한 제자반에서 딱 한 번 금전문제가 있었는데 그 결과는 참혹했다. 한 훈련생이 경영하는 회사에 같은 반 동기생을 입사시키고 이후에 회사 보증을 서는 일과 급여 미지급 같은 상황이 있었고, 결국 교회를 떠나는 불상사가 생겼다. 그러므로 인도자는 어느 정도는 유리창처럼 훈련생들과 밀착하여 상황을 파악해야만 한다.

실직과 이사

종종 직장을 잃거나 이직을 하거나 이사를 하는 경우가 있
다. 훈련생 본인도 전혀 예상하지 못한 돌발적인 상황이 일어
나면 인도자도 당황할 수 있다. 실직의 경우는 매우 심각하다.
실직 이후 빨리 직장을 찾지 못하면 이사를 가거나 심지어 교
회를 떠나는 경우도 생긴다. 내가 인도한 제자반에서도 훈련생
이 실직한 경우가 두 번 있었다. 두 번 모두 동기들이 적극 도
왔다. 몇 달간 생활비를 모아주기도 했고, 자매반의 경우 한 주
에 두 번씩 시장을 함께 보기도 했다. 먼 곳으로 이사를 하면
훈련은 물론 신앙생활에도 타격이 있다. 그러므로 인도자는 항
상 훈련생의 상황을 잘 파악해서 적절하게 지도해야 한다.

사업 부도와 재판

가장 지도하기 힘든 일은 훈련생이 부도를 맞거나 재판을
받는 경우이다. 한 사람의 분위기가 전체 훈련생에게 치명적인
영향을 미칠 뿐만 아니라 심각한 경우 수업을 진행하는 것조차
힘겨워진다. 이럴 경우 인도자는 공개적으로 훈련생에게 상황
을 알리고 함께 기도해야 한다. 그리고 사업부도나 재판의 성
격에 훈련생의 과실이 있으면 솔직하게 고백하도록 권면하고
신앙적으로 치우침 없이 지도해야 한다.

제자반을 맡아서 수료할 때까지 인도자는 늘 깨어 있어야
하고 돌발 상황이 생기면 인도자가 먼저 하나님께 지혜를 구해

야 한다. 위기는 더할 수 없이 좋은 살아 있는 교재가 되고 위
기를 극복한 후에 얻는 교훈은 제자반을 더욱 유익하게 할 것
이기 때문이다.

사역반 소그룹 인도 실습, 이렇게 준비하자

어느 단체나 새 인물이 들어오면 분위기는 활기를 띤다. 회사에 신입사원 한 명이 들어오면 분위기가 밝아지고 교회에 새 교역자가 부임해도 분위기가 새로워진다. 마찬가지로 신임 순장들이 들어오면 순장반도 활기를 띤다. 같은 교구에서 기존 순장들과 어우러져 새로운 에너지를 만들어내기 때문이다. 제자훈련 철학이 지속적으로 이어지는 이유 중 하나는 이처럼 매년 새로 들어오는 신임 순장들이 있기 때문이다.

제자훈련을 마치고 사역훈련에 올라온 훈련생들은 이제 교회의 각 분야에서 평신도 사역자로 쓰임을 받는다. 사역훈련은 1차적으로는 순장 양성에 초점을 맞추고 있기 때문에 선발 과정에서부터 가르치는 은사와 비전을 염두에 둔다. 그러므로 사역훈련을 마친 훈련생은 자연스럽게 신임 순장으로 임명을 받는다.

사역반에서 소그룹 성경공부와 리더십, 귀납적 성경연구, 소그룹 커뮤니케이션, 소그룹 인도법을 공부하고 나면 마지막 관문이 남는다. 바로 소그룹 인도 실습이다. 이 실습은 많은 준비를 필요로 하기 때문에 인도자 역시 꼼꼼하게 준비하고 진행해야 한다. 실습 준비에 필요한 몇 가지를 질문과 답변 형식으로 정리했다.

Q. 소그룹 인도 실습은 언제 하면 좋은가?

각 교회마다 제자훈련, 사역훈련 수료 시기는 조금씩 다르다. 푸른초장교회는 2월에 입학해서 12월에 수료하는 시스템으로 운영하고 있다. 그러므로 사역반 소그룹 인도 실습은 대개 12월 초에 이루어진다. 10월부터 11월까지 약 두 달 정도 소그룹 인도와 관련한 것을 미리 공부하므로 12월 초에는 실습을 진행한 후 평가와 피드백을 나누고 부족한 부분을 보완한다.

Q. 실습은 어떻게 진행하는가?

모든 사역반 훈련생이 참여하는 것을 원칙으로 한다. 실습에 참여할 다락방 소그룹을 미리 정하여 공지하고 주보에도 실어서 전 교회가 기도하고 응원한다. 사역반도 한 주간 정도 새벽기도를 작정하여 기도로 준비하게 한다.

소그룹 인도 실습 교재는 평소에 사용하는 QT지 〈날마다 솟는 샘물〉의 소그룹 성경공부 부분이다. 사역반에서는 두 사람이 조를 짜서 일대일로 예행연습을 해보게 한다. 그러고 나서 준비모임을 가지는데 이때 실습할 다락방의 순장과 미리 만나서 장소와 시간을 맞추고 그 다락방에 대한 기본적인 설명을 듣는다. 실습 다락방은 자신이 몸담았던 다락방이나 지인이 있는 다락방은 가급적 피하고 모임이 잘 이루어지는 우수한 다락방을 중심으로 교역자가 선택한다.

Q. 실습의 평가항목은 무엇이며 사후 지도는 어떻게 하는가?

실습을 마치면 다락방에서 평가를 하는데 평가항목은 귀납적 성경연구와 경청, 질문 등에 대해 묻고 점수제보다는 진술방식으로 평가서를 받는다. 평가서는 당일에 받고 비공개를 원칙으로 하며 사전에 실습 다락방에 균형 잡힌 평가를 하도록 주의를 준다. 평가서는 교역자가 먼저 받아서 분석하고, 실습한 훈련생을 한 사람씩 불러 칭찬하고 격려한다. 이때 평가로 끝내지 않고 실습을 하면서 느낀 점을 묻고 의문점에는 자상하게 설명해준다. 이렇게 개인별 지도가 끝나면 실습을 한 훈련생 전체를 대상으로 지도한다. 그러면 훈련생들은 서로의 경험을 자연스럽게 나누는 과정을 통해 자신감과 용기를 얻는다.

칼 세미나에 참석한 목회자라면 누구나 두려운 마음으로 소그룹 인도 실습을 했던 경험이 있을 것이다. 훈련생들 역시 소그룹 인도 실습을 부담스러워한다. 그러나 실습을 통해 얻는 효과는 매우 크다. 실습이 없다면 1년 동안 사역훈련에서 배운 것이 이론에 그칠 수도 있다. 실습을 마친 훈련생을 격려하고 칭찬하면 얼굴이 밝아지고 장차 자신이 감당하게 될 순장의 사역에 대한 소망을 갖는다. 인도자로서 큰 보람을 느끼는 순간이다.

우리의 사역은 향방 없는 사역이 되어서는 안 된다. 특히 사역훈련은 훈련생을 사역 현장으로 투입하는 최종적인 훈련이다. 그런 의미에서 소그룹 인도 실습은 지금까지의 모든 교육과 훈련의 절정이라고도 할 수 있다. 그러므로 인도자는 훈련생들이 이 마지막 고비를 잘 넘길 수 있도록 지도하고 격려해야 한다. 소그룹 인도 실습을 앞두고 "목사님 기도해주세요"라고 하는 훈련생들을 볼 때, 또 실습을 마치고서 "좀 떨렸지만 시간이 모자랄 정도로 짧게 느껴졌고, 인도하면서 제가 은혜를 받았어요"라는 고백을 들을 때 보람을 느낀다. 올 가을에도 소그룹 인도 실습을 준비하는 훈련생들을 보면서 매년 신임 순장이 세워지는 행복에 가슴이 부푼다.

가이드 18.
제자훈련 수료식

제자훈련 수료식을 맞는 훈련생과 인도자들에게는 언제나 마음에 깊은 울림이 있다. 제자훈련 수료식은 어떻게 진행하면 좋을까?

수료식은 스토리텔링이다

교회마다 일 년 목회 일정이 있고, 커리큘럼이 있다. 그래서 제자훈련 수료식도 수많은 행사 중 하나로 여겨져 기억 속에 각인되지 않고 흘러가기 쉽다. 그러나 생각해보면 사연(?) 없는 제자반은 하나도 없었다. 20년째 제자훈련을 하고 있지만, 해마다 다르고 반마다 다르다. 각 제자반, 각 기수마다 그들의 이야기, 추억, 아픔이 있다. 그러므로 수료식은 스토리텔링이다. 어찌 수료생 현황 보고가 '○○명 입학 ○○명 수료 이상', 이렇게 끝날 수 있겠는가? 일단 수료생들이 강단에서 수료증을 받을 때 한 사람씩 이름을 부르고 강단 영상에 훈련생 사진과 간단한 소감, 가족사진 등을 내보내면 수료의 의미를 더할 수 있다. 일 년 동안의 활동과 소감, 감동, 결단을 담은 반별 동영상을 제작하면 수료자는 자신의 일 년을 스스로 돌아보게 되고 또 수료식에 참석한 성도들과 가족들에게 깊은 감동이 될 것이다. 그러고 나서 이어지는 수료생 간증은 수료식의 분위기를 한껏 감동적으로 이끌어준다.

수료식은 아름다운 승리이다

수료생은 모두가 승리자이다. 그들은 자신과의 싸움, 환경과의 싸움을 치렀다. 그러므로 중도탈락하지 않고 수료하는 것만으로도 의미가 깊다. 각 교회마다 분위기가 다르겠지만 수료식이 꼭 엄숙해야 할 이유는 없다. 수료자의 이름이 불리고, 영상이 나가고, 수료증을 줄 때 가족, 지인들이 강단 위로 올라와 꽃다발을 나누고 환호성을 외치는 분위기는 분명 승리자들에게만 주어지는 것이리라. 그러므로 '승리자' 콘셉트로 수료식을 밝고 축하하는 분위기로 만들 필요가 있다. 제자반의 60구절 암송과 사역반의 로마서 8장 암송은 위대한 승리자들의 군가와도 같다. 수료식 메시지에 수료자들이 일 년간의 힘든 과정에서 승리한 것을 축하하고 훈련받은 그 자세로 세상에서도 승리하라는 말씀을 담으면 훈련생들의 모든 수고가 아름답게 승화될 것이다.

수료식은 갈릴리 해변이다

나는 수료생 한 명 한 명에게 편지를 써서 수료식 날 수료증과 함께 준다. 그리고 그들과 찍은 졸업사진 액자를 목양실에

두고 언제나 그들을 위해 기도하고 함께 나누었던 비전, 추억들을 떠올린다. 졸업사진은 그래서 의미가 있다. 수료식은 새로운 출발점이다. 수료생들은 사역반에서 계속 만나기도 하고, 교회 곳곳에서 보냄 받은 소명자로서 살아갈 것이다.

수료식 이후에는 몇 번 더 모여 한 사람, 한 사람의 비전을 다시 일깨우는 이른바 '갈릴리 해변 모임'을 한다. "네가 나를 사랑하느냐?"는 주님의 질문처럼 수료 이후 훈련생의 삶을 격려한다. 수료식 이후에 소식을 끊어버리면 방향감을 잃을 수 있다. 그러므로 수료식 이후에 한두 번 부담 없이 만나는 것이 좋다.

가이드 19.
졸업여행: 제자반 추억의 앨범

제자훈련 기간은 훈련생과 인도자의 신앙 여정에서 가장 아름답게 빛나는 순간이다. 제자훈련을 시작한 지 20년이 지나가지만 아슬아슬하고 설레는 감정은 변함이 없다. 인도자는 매년 새 기수를 맞이하지만 훈련생에게는 생애 단 한 번의 제자훈련이다. 그들에게 제자훈련은 20년, 30년 신앙생활에서 가장 혁명적인 사건으로 기억될지도 모른다. 나는 제자훈련이 일상이라면, 졸업여행은 일탈이라고 말하고 싶다. 제자반 졸업여행은 치열하게 달려온 제자반의 일상을 가장 아름다운 앨범에 담는 거룩한 일탈이다.

졸업여행의 원칙

제자반 졸업여행에서 가장 중요한 원칙은 모든 훈련생이 참여하는 것이다. 한 명이라도 빠지면 맥 빠지는 여행이 된다. 또 여행은 설레고 기대감이 있어야 한다. 여행을 부담스러워하거나 별 기대감이 없다면 아무것도 얻을 수 없다. 그러므로 제자훈련의 대미를 장식하는 졸업여행을 두고두고 회자되는 아름다운 추억으로 만들기 위해 미리 준비해야 한다. 그리고 목회자가 여제자반을 인도한 경우 졸업여행 시 꼭 사모와 함께 참여하도록 한다.

졸업여행 계획

졸업여행도 수업이고 훈련의 연장이지만, 인도자가 일방적으로 정해버리면 신선함과 참여도가 떨어진다. 그러므로 제자반 반장과 총무 그리고 훈련생들이 계획을 세우되 인도자와 의논하는 것이 좋다. 여행이 자칫 세상적인 방향으로 흐를 수 있으므로 제자다운 여행이 되도록 계획해야 한다.

졸업여행의 형태는 매우 다양하다. 성지순례를 가는 교회가 있는가 하면 비전 트립과 아웃리치를 가는 교회도 있다. 그러나 대부분 교회는 1박 2일 정도의 여행을 떠나는 것으로 안다. 졸업여행은 통상 수료예배를 전후해서 떠나지만 가을 개강과 더불어 준비해야 예약을 진행하고 훈련생들의 일정을 조정할 수 있다.

졸업여행 프로그램

졸업여행에는 단순한 여행 이상의 의미가 있기 때문에 그 시간을 어떻게 채울 것인가를 고민하며 준비해야 한다. 나는 매년 롤링 페이퍼, 마니또 선물, 버킷리스트 발표, 타임캡슐 묻기 등을 진행한다. 1박 2일의 경우 '비전의 밤'이라는 프로그램으로 지난 1년간의 제자훈련을 돌아보며 소회를 나눈다. 그리

오사카로 떠난 12기 사역반 졸업여행

사역반 서핑팀과 포항 영일대 해변에서

고 수고한 반장과 총무에게 선물을 주고 상호 간에 선물 나누기를 한다. 마지막에는 훈련생 한 사람, 한 사람을 위해 간절하게 기도하며 축복한다. 졸업여행에 일정을 너무 많이 넣거나, 관광을 과도하게 하면 이야기를 나누고 비전을 나누는 시간을 충분히 확보할 수 없다.

나는 주로 스키장이나 제주도로 여행지를 정했다. 눈 쌓인 한라산을 등정하고 배낚시도 즐겼다. 제자반 수료 이후에 모이면 가장 많이 나오는 이야기가 졸업여행에 관한 추억이다. 모든 활동이 오롯이 추억의 앨범이 된 것이다. 시간이 지나서 꺼내 보아도 아름답고 행복했던 기억은 늘 변함이 없다.

부록

제자훈련
동행기

부족한 한 사람을 세우시고 또 그가 다른 한 사람을 세우게 하신 것, 그것이 나와 푸른초장교회 제자훈련의 현재형이다.

예비하시고 인도하시는 하나님

결혼 후 부산에서 직장생활을 하던 중 IMF가 터졌다. 많은 동료가 하루아침에 실직했다. 그런데 입사 3년 차 신입직원에 불과했던 내가 살아남아 대구로 인사발령이 났다. 나는 이것이 하나님의 인도하심이었음을 믿는다.

대구에 있는 회사에 도착하니 서울 본사에서 전근 온 서 집사와 푸른초장교회(당시 동구 방촌동에 있던 푸른초장과쉴만한물가교회)를 섬기는 김 집사가 있었다. 1998년 11월, 서 집사와 나는 김 집사의 인도로 푸른초장교회에 출석하게 되었다.

당시 푸른초장교회는 개척한 지 2년이 조금 넘은 시절이었고 서너 가정이 예배를 드리고 있었다. 얼마 지나지 않아 제1기 제자훈련이 시작되었다(남제자반 4명, 여제자반 3명). 남제자반 1기생은 얼마 전 주님의 몸 된 교회를 충성을 다해 섬기다 은퇴하신 양필홍 장로, 현재 시무장로로 섬기는 정연준 장로, 지금은 서울에서 교회를 섬기는 서 집사와 나 이렇게 4명이었다.

예수님의 제자가 되겠다는 일념으로 시작한 제자훈련은 많은 부분에서 신앙적으로 새롭게 다가왔다. 시간을 정해 놓고 기도하며, 말씀을 읽고 암송하는 일에는 많은 노력이 필요했다. QT와 생활 숙제를 하고 가정을 오픈하여 모임을 가지면서 신앙이 한층 성숙해졌다. 어렵고 힘든 일도 많았으나 그에 상응하는 하나님의 풍성한 은혜 덕분에 넉넉히 감당할 수 있었다. 교회와 가정에 역경이 있을 때에도 제자훈련을 통해 얻은 말씀과 기도의 힘으로 이겨냈다.

1999년 6월 성서에 있는 삼성명가타운 상가 분양사무소에서 담임목사님과 제자훈련생이 함께 손을 잡고 예배 처소를 위해 합심하여 기도했다. 하나님의 응답으로 중심상가 309호(60평)를 분양 받았다. 일단 분양은 받았으나 교회 재정은 담임목사 생활비조차 드리기 힘든 상황이었기에 1억 8천만 원이라는 분양대금은 어마어마한 태산과 같았다. 그러나 주님을 의지하며 기도할 때 채워지는 역사가 있었다. 드디어 2000년 1월 푸른초장교회 성서 시대가 열렸다.

상가로 이전한 후에도 교회성장은 더디기만 했다. 그럼에도 제자훈련은 계속되었다. 이런 상황에서도 2003년 중국에 단독 선교사를 파송했으며, 2006년에는 교회설립 10주년을 맞아 복음의 불모지 안동 땅에 십의 이조, 십의 삼조를 드리며 안동제자교회를 건축했다. 이어 2007년에는 푸른초장교회 성전 건축을 작정했다. 성전 건축을 계획하고 건축이 진행될 때도 성도 이탈은 거의 없었다. 이 역시 많은 성도가 제자로서의 분명한 정체성이 있었기에 가능했다고 믿는다.

현재 나는 순장, 새가족반 교사, 주일 안내팀, 시무장로, 재정부장으로 섬기고 있다. 많은 사역 중에도 가장 귀한 것은 말씀 사역이다. 순원들과 말씀으로 교제하며, 은혜를 나누며 섬길 때 참 행복하다. 돌과 같이 굳어 있던 사람들이 말씀을 통혀 조금씩 변화되며 그리스도의 향기가 날 때 참 기쁨을 느낀다. 사람으로는 할 수 없으나 하나님은 능히 변화시킬 수 있음을 믿는다. 순원은 순장의 삶을 보고 따라온다. 그래서 오늘도 행실 하나하나가 좋은 본이 되도록 노력한다. 새가족반 교사로서 본교회에 등록 후 출석하는 모든 성도에게 구원의 확신을 확인한다. 연약한 자에게는 구원의 확신을 심어주며, 믿음과 교회생활에 대해 올바로 이해시켜 시험에 들지 않도록 인도한다. 그렇게 해서 성도 간에 아름다운 교제를 나누며 기쁘고 즐겁게 신앙생활을 해나가는 것을 보며 큰 위로를 받는다.

지금은 20기 제자훈련생들이 목사님과 말씀과 기도로 영적 교제를 나누며 예수님의 신실한 제자로 살아가기 위해 다듬어지고 있다. 모난 부분이 잘 다듬어져서 하나님 나라의 신실한 일꾼이 되기를 기도한다. 나 또한 초심을 잃지 않고 '하나님의 막노동꾼'으로 순종하며 한 영혼을 소중히 여기는 하나님 아버지의 마음으로 성도들을 대하게 해달라고 간구한다. 이 부족한

종을 구원하신 하나님께서 푸른초장교회로 인도하여 좋은 목
사님과 성도들을 만나게 하시고 제자훈련을 통해 평신도 사역
자로 세워주심에 감사드린다. 제자훈련을 통해 말씀 속에 감추
인 보화를 발견하면, 누구든지 예비하시고 인도하시는 하나님
을 만나는 은혜를 누리는 주인공이 될 것이다.

나의 인생과 제자훈련

고등학교 3학년 여름방학 때, 친구가 다니는 교회 지하에 공부하기 좋은 장소가 있다고 해서 처음 교회에 나갔다. 당초 계획과는 달리 고3 여름방학을 친구들과 어울려 아주 재미있게 보냈다. 그 결과 원하는 대학교는 가지 못했다. 지금 생각해 보면, 6개월의 짧고 확신 없는 신앙을 가지고 바로 대학교에 진학했으면 세상 문화에 빠져 지금처럼 신앙생활을 하기 어려웠을 것 같다. 나에게는 재수 생활이 더욱 하나님께 매달리고 의지하는 계기가 되었다. 한 번의 실패가 주님을 만나는 내 인생의 중요한 터닝 포인트가 된 것이다. 나를 믿음의 길로 이끄시는 하나님의 계획이 참으로 놀랍다.

대학 진학 후 군대에 다녀오니, 임종구 목사님이 모교회에 청년부와 유초등부를 섬기는 전도사로 계셨다. 목사님의 짧고, 간결하며, 울림 있는 메시지는 나에게 늘 도전과 감동을 주었다. 또한 남다른 열정과 다양한 방법으로 맡은 부서를 이끄는 모습에 참 대단한 분이란 생각이 들었다. 그런데 모교회가 목사님과 장로님들의 갈등으로 어려움을 당하게 되었다. 교회가 시험에 들면서 존경했던 장로님, 집사님, 권사님들이 서로 등을 돌리고, 비난하는 모습을 보며 교회와 신앙에 근본적인 회의를 느꼈다. 그 힘든 시기에 임종구 목사님은 교회를 사임하고 개척을 준비하셨다. 나는 목사님을 따라나섰다.

당시 나는 자격증 시험을 준비하는 대학생이었다. 자격증, 취업, 결혼 등으로 고민하던 나에게 목사님의 메시지는 늘 큰 힘과 위로가 되었고, 교회에는 아주 적은 숫자가 모였지만 매 주일이 기다려지는, '푸른초장과 쉴만한 물가'와도 같았다. 그러던 중 IMF를 맞아 교회 건물은 경매로 넘어갔고 예배당이 없는 절망적인 상황에서 칼 세미나에 다녀오신 목사님의 인도로 제자훈련 1기가 시작되었다. 목사님은 세미나에서 받은 큰 은혜를 고스란히 훈련생에게 쏟아부으셨다. 처음에는 다소 낯설고, 생소한 훈련이라 왜 해야 하는지도 모른 채 목사님의 열정에 이끌려 시작했다.

제자훈련 당시 입사한 증권회사에서 선배들은 거의 매일 술과 유흥으로 스트레스를 푸는 분위기였다. 신입사원이었던 나는 그리스도인으로 생활하기 힘든 근무 여건에 회사를 그만둘 생각도 여러 번 했다. 하지만 그때마다 난관을 극복할 만한 큰 힘을 제자훈련으로 얻었고, 지금까지 근무하고 있다. 사회생활을 하면서 너무 융통성이 없다는 이야기를 들을 때면, 훈련받지 않았더라면 나 역시 쉽게 세상 조류에 휩쓸릴 수밖에 없는 존재임을 체감한다.

이제 제자훈련을 받은 지 어언 19년이 지났다. 여전히 부족한 점이 많지만 푸른초장교회의 시무장로로 섬기고 있다. 제자훈련은 무언가 막연하고, 흐릿했던 신앙생활의 기준들을 말씀 안에서 명확하고 시원하게 해주었다. 그리고 지금까지 삶의 현장인 가정과 직장에서 실제적으로 적용되는 신앙 기준을 마련해주었다. 요즘도 어렵고 힘든 순간마다 제자훈련을 받을 때 암송한 구절이 나도 모르게 입에서 나온다. 그 말씀이 나에게 영향력을 미치고 있음을 느낀다.

우리 교회 자랑으로 간증을 마무리하려고 한다. 푸른초장교회는 제자훈련하는 건강한 교회로서 자랑할 것이 많지만, 그중 첫 번째로 꼽는 것이 임직문화이다. 우리는 교회를 섬길 일꾼을 세울 때 임직헌금과 임직경비를 일체 받지 않는 전통을 지금까지 지켜오고 있다. 임직에 필요한 경비를 모두 교회가 부담하고, 교회와 성도를 잘 섬겨달라는 의미로 직분에 따라 장로에게는 기도의자를, 안수집사에게는 작업화를, 권사에게는 앞치마를 선물한다. 이런 임직문화는 제자훈련을 하기 때문에 가능하다고 생각한다. 이러한 좋은 문화가 믿음의 다음세대까지 잘 이어지기를 소망한다.

제자훈련과 변화

　예수님을 주님으로 모시고 따라가는 성도는 모두 예수님의 제자이므로, 제자의 조건은 특별한 게 없다고 생각하면서도 자신에 대한 의문의 고리는 끊을 수가 없었다. '제자란? 제자의 사명은? 교육받은 후 변화되는 것은?' 이런 고민를 하면서 제자훈련을 시작했고, 훈련 과정을 무사히 마쳤다.

　요즘도 제자훈련 전 과정을 정리한 노트를 읽어볼 때마다 새로운 도전을 받는다. 노트를 믿음의 책갈피 한 쪽에 접어만 둘 수 없는 것은 아직 참 제자의 길을 바로 정립하지 못한 자신을 채찍질하기 위함인지도 모른다.

　예배와 기도, 독서 교재 강해, QT, 말씀 묵상, 간증문 작성, 효도 실습, 신앙고백, 동기생 간의 교제 등 각 훈련 단계는 지금까지의 믿음 생활을 돌아보게 하였고, 척박한 마음 밭을 일구어 가면서 감동 있는 삶으로 변화되었다. 제자훈련은 적어도 4가지 변화를 가져왔다.

첫 번째 변화는 자신의 일부분을 내려놓기 시작했다는 것이다. 언제나 우선순위를 분명히 하고, 시작한 일은 결론이 날 때까지 몰두하던 삶의 패턴이 바뀌기 시작했다. 내려놓는다는 것은 기도하면서 하나님께 여쭈어보는 것이다. 구약에 다윗을 비롯한 왕들이나 선지자들은 일을 실행하기에 앞서 항상 여호와께 물었으며 아주 구체적이고 상세한 방안을 듣고 행했다. 또한 예수님은 어눌한 어부들에게 마음의 각오를 요구하셨다. 자기를 부인하고 자기 십자가를 지고 주님을 따라야 한다는 가장 기본적인 허들hurdle을 그들 앞에 놓아가면서 훈련을 시작하신 것이다. 나도 제자훈련을 통해 그들과 같이 주님 앞에 기꺼이 먼저 내려놓는 삶을 살 수 있게 되었다.

두 번째 변화는 나 중심의 삶이 공동체 중심으로 이동하면서 어떤 상황에서든지 기꺼이 십자가를 지게 된 것이다. 이렇게 하려면 판단 기준을 바꾸고 생각의 폭을 넓혀야만 했다. 제자훈련은 세상에 살면서 변질된 내가 브레이크를 밟을 수 있도록 했으며 신자로서 흐트러진 정체성을 재정립하게 해주었다. 그리고 공동체에 선한 영향을 미칠 수 있는 인격체로 세워주었다.

세 번째 변화는 제자훈련을 받으면서 자기를 드러내기 좋아하면서도 성도의 아픔에는 무관심한 사람이 아닌지 자기반성을 하게 되었다. 드러내기를 좋아하지는 않았지만, 성도의 아픔에 마음을 같이하는 것에는 적극적인 변화가 필요함을 느낀다.

네 번째 변화는 한참 세월이 지났지만 용서하지 못하고 마음 한구석에 눌러둔 묵은 감정이 녹아내리기 시작했다. 말씀과 독서, 동기생들의 간증으로 나도 모르는 사이 나를 감싸고 있던 포장지가 벗겨지고 마음 깊숙한 곳에 응어리져 있던 농한 분노와 피해의식이 분해되어 생수로 채워지기 시작했다. 아픔의 노출에서 자유의 단계로 나아가면서 용서라는 또 하나의 선물을 받은 것이다. 훈련이 지속되면서 나타난 변화의 속성들이 삶에 긍정적인 영향을 미쳤다.

제자훈련을 받으면서 가장 기억에 남는 것은 효도 훈련이었다. 거동이 불편한 아흔 여섯의 어머님 발을 씻겨드리고, 처갓집에서 식사준비를 하고 설거지를 하는 제자훈련 숙제 사진은 자식들에게 대물림할 만한 감동적인 장면이 되었다.

마지막으로 제자훈련을 받으면서 시작한 교회를 위한 봉사 이야기를 하나 하려고 한다. 교회에 전적으로 헌신하지 못했다는 부담감에 교회에서 한 달간 국화 전시회를 열었다. 성도들과 인근 주민들의 호응은 대단했다. 지금 생각해보면 대국, 분재국, 옥국, 현수국 등 3백여 개의 화분을 전시하는 일은 개인이 엄두도 낼 수 없는 규모였다. 돌아보면 작품 수준이 그리 뛰어나진 못했지만 이를 준비하기 위해 아내와 나는 1월부터 11월 사이 모든 일정의 우선순위에 국화 가꾸기를 두었다. 서정주의 〈국화 옆에서〉라는 시처럼 '한 송이 국화꽃을 피우기 위해서 소쩍새 우는 날 밤에도 먹구름이 몰려오는 날에도' 우리는 국화 옆에서 보내는 날이 많았다. 주님이 지으신 자연을 통하여 항상

 단단한 교회

감사하는 마음으로 작년보다 더 아름다운 꽃으로 성전을 꾸밀 생각에 설레었다. 결국 우리의 수고를 아시는 주님이 항상 동행하시며 간섭하시고, 위로하시고 지혜도 주셔서 아름다운 국화로 성전을 천국으로 만들 수 있었다.

훈련받은 제자인 나는 하나님의 사람으로 주님을 닮아가는 온전한 믿음 생활을 지켜갈 것이다. 또한 공동체를 세워나가기 위해 청지기의 사명을 감당하며 주님의 최후 명령인 복음 증거자의 길을 걸어가겠다고 오늘도 다짐한다.

월 1회에서 주 4회로

1985년 아내와 결혼 후 13년이란 긴 세월 동안 아내의 끈질긴 가족 전도 탓에 많이도 싸웠다. 특히 부모님의 반대는 상상 이상이었다. 부모님과 아내 사이에서 이러지도 저러지도 못한 채 아내와의 갈등은 날이 갈수록 깊어만 갔다. 하지만 아이들이 자라면서 더 이상 버티는 것에도 한계가 있어 1998년 초 매월 마지막 주 일요일을 교회 가는 날로 정해 한 달에 한 번 온 가족이 함께 푸른초장교회에 나갔다.

아내는 혼자 교회에 가면 부부가 함께 예배드리는 모습이 너무 부러웠다고 한다. 또 주일날 같이 교회에 가지 않고 집에 혼자 있는 나 때문에 속상했다고 한다. 그래서 어떻게든 나를 전도하려고 애를 썼다. 새벽기도를 가면서 하루는 내 신발을 신고 가고, 그다음날은 내 바지를 입고 갔다고 한다. 비록 몸은 같이 오지 못했지만 언젠가 같이 교회에 오기를 바라며 기도한 것이다. 그 기도가 응답되었는지 내 마음에 조금씩 변화가 생졌다.

　교회가 무엇인지도 모르고 그저 아내와 아이들이 좋아하니까 같이 가준 정도였는데 두 번, 세 번 가다 보니 같이 예배드리는 사람들도 조금씩 좋아지기 시작했고 예배 후 교회 옥상 사택에 둘러 앉아 먹는 칼국수도 맛있었다. 서서히 주일 날 교회에 가는 횟수가 늘었다. 그렇지만 믿음이 자란 것은 아니었다. 예배 시간에 찬송을 부를 때는 입이 열리지 않아 같이 부르지 못했고, 말씀이 귀에 들어오지도 않았다. 그저 몸만 왔다 가는 생활이었다. 그런 모습이 안타까웠는지 담임목사님은 내가 찬송을 부르고 말씀에 은혜를 받을 수 있도록 해달라고 많이 기도하셨다고 한다. 이후 찬송의 입술이 열리고 말씀이 귀에 들어오면서 신앙생활이 조금씩 즐거워지기 시작했다.

　그런 가운데 2005년 담임목사님의 인도로 제자훈련을 시작했다. 직장에 다니면서 저녁 늦게 훈련을 받는 것이 쉽지 않았지만 동기생들에게 뒤쳐지지 않기 위해 나름 열심히 훈련에 임했다. 성경 읽기, QT, 생활 숙제 등 직장 생활로 피곤했지만, 점차 훈련에 빠져들기 시작하면서 한 달에 한 번 교회에 따라가기로 한 것이 주일 예배, 수요 예배, 금요 기도회, 목요일 제자훈련까지 주 4회로 늘었다.

　그렇게 제자훈련에 한창 탄력을 받을 때쯤 회사가 문을 닫으면서 신앙생활에 위기를 맞았다. 총괄을 맡아 회사를 관리해 온 터라 상실감이 컸다. 며칠을 잠도 못자고 수습하느라 몸도 마음도 피곤하여 말도 없이 훈련에 가지 않았다. 그 상황을 알게 된 목사님은 무조건 교회로 오라고 전화를 하셨다. 망설이다가 어쩔 수 없이 훈련에 참석했다. 그날 목사님과 동기들의 위로와 기도가 그 상황을 버티게 해주었다. 제자훈련 수료와 더불어 사역훈련까지 마치면서 사랑과 섬김의 생활을 하며, 제자의 삶을 살아가기 위해 노력하고 있다.

한 달에 한 번 교회에 '가주기'로 한 나그네 같은 나를 성도로, 하나님의 가족으로 살 수 있도록 인도하신 하나님께 감사드리며, 부족한 내가 제자의 길을 갈 수 있도록 양육하고 기도해주신 담임목사님 그리고 부족한 사람을 남편으로 맞아 눈물로 기도하며 하나님께로 이끌어준 아내에게 무한 감사를 드린다. 아내와 나는 이 믿음을 신앙 유산으로 잘 이어나갈 수 있도록 아이들과 가정예배를 드리고 있다. 굳건한 믿음의 반석 위에 서 있는 복된 가정이 되기를 항상 기도한다.

은혜로운 삶에 감사하며

결혼 후 아내와 함께 교회에 나가긴 했지만 말씀을 믿으려고 하지 않았다. 기도와 순종보다는 자신의 능력을 지나치게 믿었던 것 같다. 예수님과 하나님의 존재도 인정하지 않았다. 주님께 기도하면서 응답을 기다리는 것이 도리였지만 교만함으로 주님을 영접하지 못했다.

그런 가운데 교회에 열심히 나가게 된 계기가 있었다. 어머니께서 돌아가시기 몇 달 전 나와 아내를 불러 함께 교회에 열심히 나가라고 간곡히 부탁하신 것이다. 곧 천국으로 가실 분이 우리 부부를 영생의 길로 인도하신 것을 지금도 잊을 수 없다. 어머님의 말씀 이후 우리는 본격적으로 진지하게 예배를 드렸다. 그런데 어느 순간 나의 지나온 삶과 앞으로 살아갈 삶을 생각하니 갑자기 정신이 혼미해졌다.

'무엇을 하며 어떻게 살아갈 것인가?'

아내는 신실하게 신앙생활을 해와서 그런지 늘 평온해보였다. 그때부터 조금씩 교회와 성경에 관심을 가지기 시작했다. 성경을 읽고, 부목사님의 구약 강의도 들었다. 구약 강의를 통해 천지를 창조하신 하나님의 존재를 인정하고 말씀에 순종하기 시작했다. 그리고 믿음과 기도의 중요성을 깨닫고 실천하려고 노력했다.

그 이후에는 제자반과 사역반에서 체계적으로 성경을 공부했다. 매주 과제로 주어진 담임목사님의 설교 요약과 QT를 통해 말씀의 의미를 보다 자세히 이해하게 되었다. 제자훈련 동기들과의 교제도 신앙생활을 하는 데 큰 도움이 되었다. 담임목사님의 웨스터민스터 소요리 문답, 대요리 문답, 칼뱅의 기독교 강요 등 교리 강의를 통해서도 성경을 체계적으로 이해하고, 바르게 해석하는 방법을 배웠다. 양육과 훈련을 거치며 하나님의 역사하심을 확실히 알아가면서 원리 원칙을 따지며 이성을 강조하던 나의 모습은 조금씩 사라졌다. 교육을 받는 동안 귀찮고 힘들 때도 있었다. 그러나 제자훈련을 통해 성경을 체계적으로 배우고 이해하여 일상생활에서 실천하는 방법을 알게 된 것은 무엇과도 바꿀 수 없는 열매다.

가장 큰 변화는 가족과 갈등이 생겼을 때 일어났다. 과거에는 내 입장을 강요하는 편이었으나, 지금은 이해와 사랑으로 갈등을 해결하려고 애쓰고 있다.

지금도 부족하지만 늘 하나님의 말씀을 기억하고 생활 속에서 실천하려고 노력한다. 교회에서 주차 안내와 청년부 디렉터 그리고 교회 회지 발간 사역을 감당하고 있다.

주님의 말씀을 실천하는 삶은, 어렵고 힘든 자를 돕고 배려하는 삶이다. 주님께서는 "무릇 자기를 높이는 자는 낮아지고 자기를 낮추는 자는 높아지리라"고 하셨다. 그러므로 가정과 교회와 직장에서 항상 섬기는 자리에 있기를 원한다.

교회와 직장에서 하나님이 내게 맡겨주신 자리를 감사히 여기며 살아가고 있다. 하나님이 든든히 지켜주시므로 부족함이 있더라도 결코 두려워하지 않을 것이다. 하나님이 항상 함께하심을 생각하면 걱정이 사라질 뿐만 아니라 마음이 더욱 여유로워지고 행복해진다. 하나님은 언제나 해결책을 주시는 분이기 때문이다. 이보다 행복한 일이 어디에 있겠는가?

나를 이렇게 부르신 하나님!

어린 시절 우리 집은 예배당과 거리가 가까워 주일은 물론이고 365일 새벽마다 교회 종소리가 들렸다. 예배당 가까이 살다 보니 나는 자연스럽게 교회 문화에 젖어들었다. 지금 내 신앙의 모습은 그때부터 형성되었던 것 같다. 그 나이에 무슨 구원의 진리와 영생의 도를 깨달아서 교회를 다녔겠는가? 그러나 하나님은 한 사람 한 사람을 부르실 때 방법과 계기를 달리하시는 듯하다. 요즘 넘쳐 나는 간증 사례는 놀랄 만한 반전 드라마 일색인데 나에게는 다른 사람 앞에서 간증할 만한 드라마틱한 사건이 없었다. 아니 솔직히 말해서 지금도 구원해주신 은혜와 사랑에 감사하는 마음에 룰루랄라 하며 방방 뛰어다니는 일은 일어나지 않는다. 가끔 아내와 이런 주제로 토론을 하곤 하는데, 반드시 그런 드라마틱한 과정을 거쳐야만 진짜 구원받은 성도이고 그런 과정이 없으면 가짜 성도라는 논리는 말씀으로 오신 예수님을 부인하는 것이라는 결론을 내린다. 나와 아내는 동적이지 않다. 예수님은 그런 나에게 잔잔하게 말씀으로 함께하신다. 그런 우리가 말씀을 중시하는 교회를 만난 것은 참 감사한 일이다.

제자가 된다는 것!

예수님의 제자가 된다는 것, 그것도 다른 사람이 아닌 내가 그분의 제자가 된다는 것! 이것은 너무나 엄청나고 두려운 일이다. 그분이 어떤 분이신가? 능히 피할 수 있는 능력이 있으심에도 나를 구원하시려고 스스로 죽으신 분이지 않은가. 내가 그런 분의 제자가 된다? 말도 안 된다. 그러나 그분은 분명히 말씀하셨다. 제자의 사명과 제사장의 직분을 다하라고. 그리고 자기를 따르려면 자기 십자가를 지라고.

제자가 되는 길에는 여러 방해요소가 있다. 나에게는 너무 많은 것을 소유했다는 점이 방해요소가 된다. 예수께서는 제자들을 보내면서 여벌 옷조차 지니지 말라고 하셨다. 지닌 것이 많으면 복음을 전파하고 예수님을 전하는 일에 방해가 되기 때문이다. 그런데 나는 넘치도록 가졌다. 마치 부자 청년과도 같은 나를 본다. 자기 한 몸 지탱할 나귀 한 마리도 없어 남의 것을 끌어다 쓰신 예수님의 청빈과 무소유를 내가 어찌 흉내 낼 수 있단 말인가?

담임목사님이 이런 말씀을 하셨다. "제자훈련 시켜도 별 수 없습니다. 사람이 쉽게 변화되지 않습니다." 맞는 말씀이다. 한 사람의 인격과 삶이 정해진 교육 몇 번으로 달라진다면 신앙생활이 누워서 떡 먹기일 것이다. 예수님의 제자는 교육 이수가 아니라 날마다 나를 쳐서 복종시킴으로 그분의 가르침, 이념, 생활 방식까지도 몸소 흉내 내는 나와의 싸움을 통해서만 될 수 있다. 이 일을 위해 나는 오늘도 기도한다.

'주여! 나를 치는 일을 도우소서.'

나를 쓰시는 하나님!

2008년 즈음 푸른초장교회에 온 걸로 기억한다. 신앙생활의 연조가 쌓이면 비판도 더해져 갈수록 가슴이 냉랭해지는 것 같다. 처음엔 교회 내에 일어나는 이런저런 인간적인 면들은 보이지 않고 오직 하나님 은혜와 세상에서 경험하지 못한 교회 특유의 따뜻한 분위기가 마냥 좋았다가 시간이 지나면서 많은 일을 겪게 되어 소위 신앙의 때가 묻기 때문이다. 유감스럽게도 나 역시 코흘리개 시절부터 교회를 출입하다 보니 별별 일을 다 보았다. 어린 마음에 교회와 직분자에 대한 환멸이 싹트기 시작했다. 특히 장로 중에는 직분에 대한 성경적 이해가 부족한 사람이 많았다. 하나님의 거룩한 교회를 종으로 섬겨야 할 장로 직분을 명예직 하나 더 얻는 정도로 생각하는 것 같았다. 그런 사람을 볼 때마다 '저건 아니지 않은가' 생각했다.

나 역시 장로로 세워졌다. 우선 두렵다. 그동안 많은 비판의식을 가졌기 때문에 '그러면 너는?'이라는 자문과 경각심이 먼저 나를 짓눌렀다. 그래서 다짐하고 또 다짐한다. 나같은 사람이 장로가 되었다고 해서 무슨 크나큰 하나님의 일을 도모하겠느냐마는 우선 겸손하기라도 해야겠다고 생각했다.

만유의 주시요 만왕의 왕이신 우리 주님은 온갖 조롱과 핍박을 홀로 받으시고 결국 십자가의 제물이 되셨는데, 그분의 제자가 되겠다고 선서하고 장로가 된 내가 어찌 나를 주장한단 말인가? 첫째도 둘째도 셋째도 겸손할 것뿐이라고 생각한다. 그래서 우선 작고 쉬운 일부터 하자고 생각해 휴지 줍는 일과 주차관리 그리고 아브라함 순장직을 섬기면서도 커피 나르는 일부터 열심히 하려고 노력하고 있다.

작은 달란트

아내의 성화에 못 이겨 뒤늦게 악기를 하나 배웠다. 요즘 많은 교회에서는 악기 동호회를 만들어 교회 내에서 연주도 하고 가끔 외부에서 봉사 활동도 하는 추세이다. 모든 악기가 그렇듯이 색소폰 또한 노력과 인내가 없으면 배우기 어렵다. 애창곡은 주로 찬송가와 복음성가 그리고 외국 명곡이다. 그러다 보니 내 연주는 대중성이 없어 사람들 앞에서 발표하거나 실력을 뽐낼 기회가 적다. 몇 번 봉헌 연주를 했는데 인사치레인지 몰라도 성도들이 은혜가 됐다고 한다. 미천한 실력이지만 악기로 하나님을 찬양할 수 있는 재능을 주시니 감사하다. 내 나이 60대 중반이니 남은 날이 길지 않다. 광음과도 같은 세월을 아

껴 작으나마 주의 일에 더욱 힘써 하나님 앞에 섰을 때 책망 받
지 않을 영혼의 때로 삼으리라 다짐한다.

정구동 장로

제자훈련은 현재진행형이다

2002년 월드컵으로 온 나라가 떠들썩하던 그때 나는 지금의 아내를 만나 교제하고 있었다. 모태신앙인 아내와 세상 재미에 빠져 살던 나는 서로 너무나 달랐지만 이런 우리를 하나님께서 만나게 하시고 사랑하게 하셨다. 6월 첫 주 수요일, 아내와 몇 번의 실랑이 끝에 푸른초장교회 수요 예배에 참석했다. 그것이 내 인생에서 처음 드린 예배였다. 담임목사님의 열정적인 말씀 선포에 조금 관심이 가긴 했지만 한동안 빠짐없이 수요 예배에 참석했던 이유는 아내와의 교제 때문이었다.

9월이 되자 주위에서 제자훈련을 받으라는 권면을 했다. 그래서 지금은 새가족반이란 이름으로 바뀐 제자훈련 첫 과정인 확신반에 들어갔다. 확신반 두 번째 시간에 우리와 하나님과의 끊어진 관계를 예수님이 다시 이어주신다는 내용을 공부하는데 그때 내 의지와는 상관없이 끊임없는 눈물이 쏟아졌다. 그와 동시에 내가 죄인이라는 사실과 그 죄를 위해 예수께서 십자가에 달려 돌아가셨다는 사실 그리고 성경이 모두 하나님의 말씀이라는 믿음이 생겼다. 이후 거의 매일 교회에 나가 신실한 신앙 선배들과 교제하며 교회의 일들에 작은 섬김으로 동참했고 예배하며 찬양하는 기쁨을 맛보았다. 이듬해에는 다음 과정인 성장반을 시작했는데 작은 상가교회였던 때라 성장반 신청자가 나 혼자였다. 본의 아니게 1:1 수업이 되었다. 당시 결혼을 앞두고 있었던 나에게 목사님은 그리스도인의 삶뿐 아니라 결혼생활에 대해서도 많은 가르침을 주셨다. 그 가르침은 지금까지 그리스도인으로서 가장의 역할과 가정의 중요성을 느끼며 살아가는 데 든든한 받침이 되고 있다. 무엇보다 말씀에 대한 확고한 믿음이 생겼고 동료들에게도 내가 믿는 하나님을 전할 수 있게 되었다. 변화된 내 모습과 온전한 가정에 임하시는 하나님의 역사로 완고하셨던 부모님도 회심하여 시골에 있는 교회에 나가신다.

2006년, 드디어 제자훈련을 시작했다. 당시 다니던 직장이 너무 바쁜 상황이라 저녁 시간을 길게 할애하여 훈련을 받는 일은 상상할 수 없었다. 조금은 무모하다 생각하며 시작했지만 하나님께서는 한 번의 결석을 제외한 모든 시간에 참석할 수 있는 환경을 열어주셨다. 또한 동기들과 삶을 나누며 참 제자의 모습을 조금씩 배워가는 시간으로 제자반을 채워주셨다. 자연스럽게 섬김의 기쁨을 배우며 이듬해에는 사역훈련을 수료하였고 지금은 하나님의 은혜로 순장과 교육부서 디렉터로 섬기고 있다.

> "내가 그리스도와 함께 십자가에 못 박혔나니 그런즉 이제는
> 내가 사는 것이 아니요 오직 내 안에 그리스도께서 사시는 것
> 이라 이제 내가 육체 가운데 사는 것은 나를 사랑하사 나를
> 위하여 자기 자신을 버리신 하나님의 아들을 믿는 믿음 안에
> 서 사는 것이라" 갈 2:20.

제자훈련을 하며 암송했던 이 구절처럼 내가 죽고 예수 그리스도만이 내 삶이 되게 하는 것, 이 땅에 오셔서 보여주셨던 그 낮아짐의 모습을 배워가는 것이 제자훈련이었다. 길지 않은 신앙생활 가운데 제자훈련은 내 신앙의 든든한 뿌리가 되었다.

어느 비오는 수요일 출근길에 문자를 한 통 받았다. "부족한 자를 지금까지 섬겨주심에 감사합니다." 착하고 성실하지만, 차갑지도 뜨겁지도 않은 상태로 신앙생활을 하던 분이셨다. 그분이 부족한 자의 순원으로 훈련을 받으시던 때에 보내온 문자였다. 눈물이 날 만큼 감사하고 뿌듯했다. 내가 한 일은 아무것도 없지만 작은 섬김을 하나님께서 참 귀하게 쓰신다는 것을 알았다.

부족한 한 사람을 세우시고 또 그가 다른 한 사람을 세우게 하신 것, 그것이 나와 푸른초장교회 제자훈련의 현재형이다.

█ 국제제자훈련원은 건강한 교회를 꿈꾸는 목회의 동반자로서 제자 삼는 사역을 중심으로
성경적 목회 모델을 제시함으로 세계 교회를 섬기는 전문 사역 기관입니다.

제자훈련으로 세워가는 푸른초장교회 이야기

단단한 교회

초판 1쇄 인쇄 2018년 7월 20일
초판 1쇄 발행 2018년 7월 27일

지은이 임종구

펴낸이 오정현
펴낸곳 국제제자훈련원
등록번호 제2013-000170호(2013년 9월 25일)
주소 서울시 서초구 효령로68길 98(서초동)
전화 02)3489-4300   **팩스** 02)3489-4329
이메일 dmipress@sarang.org

ISBN 978-89-5731-750-1 03230